AF453374

DEVS SCIENTIARVM DOMINVS EST
EX LIBRIS
QVOS TESTAMENTO SVO
LARGITVS EST HVIC DOMVI
M. PHILIPPVS DESPONT
PRESBITER PARISIENSIS ET
DOCTOR THEOLOGVS.
ORATE
Discite in terris quorum
Scientia vobis perseue
in coelis
Hieronimus
Epist. 103

1069
24055
Paris
Clergé (Comm^{tés}. religieuses)
St. Germain des prés

24,055

EXAMEN

DE CERTAINS PRIVILEGES,

ET AVTRES PIECES.

Pour seruir au Iugement du proces, qui est entre Monseigneur l'Archeuesque de Paris, & les Moines de Sainct Germain des Prez.

 L faut rapporter ces Priuileges & ces pieces selon l'ordre du temps qu'elles marquent : puis on fera deux examens de chaque Priuilege & de chaque piece. Dans le premier on en supposera la verité, & dans cette supposition on verra ce que chaque Priuilege & chaque piece peut seruir pour la decision du procés. Dans le second on verra le détail, & on cherchera la verité de chaque Priuilege & de chaque piece. Le premier examen s'appellera general : question de droit : & le second particulier : question de fait.

PRIVILEGE DE SAINCT GERMAIN EVESQVE de Paris, donné au Monastere qui porte à present son nom.

DOMINIS *viris Apostolicis sanctis, & in Christo fratribus omnibus Episcopis Parisiacæ vrbis cum gratia Dei futuris, & cælesti vsitatione ditatis, Germanus peccator. Omnibus non habetur incognitum, qualis ac quantus circa Monasteria &*

*Ecclefias , aut erga Deum timentium virorum fuerit inclitæ
memoriæ gloriofiſſimus Childebertus Rex. Cujus ſumma beneuo-
lentia multis largita eſt copioſa beneficia , & Immunitati noſtræ
ſtabilitatem perpetuam. Scilicet cogitans , quia qui iſta temporalia
reſeruaret metenda ſibi , multò majora à Deo illi attribuerentur,
ſi ob eius amorem Eccleſias & Templa fundaret , & egentium
inopiam ſuſtentaret , & pro magnis parua offerret, atque pro ter-
renis cæleſtia adipiſceretur. Vnde & nobis ob ſepulturæ ſuæ
meritum aliqua à ſe conſiderare mandauit , & conſiderata ceſſit.
Itaque inclitus iſte Princeps Pariſius baſilicam in honore ſanctæ
Crucis , & domni Vincentij , vel reliquorum Sanctorum in
vnum membrum conſtruxit , & ſibi ſepulturam inibi collocauit,
ac largitatis ſuæ copiam per teſtamenti ſui paginam nobis habere
decreuit , & habendi meritum loco tanti ordinis conſtituit. Sed
dum pagina teſtamenti ſui , & cordis fides ſub humana fragilitate
temporaliter vigeret , agente id quorumdam calliditate , ne æterna
illi tribueretur beatitudo , ac ſcriptum non ſortiretur effectum , ſimúlque Abbas & Congregatio deputata non perciperent , ac
ſterilitate victus & veſtitus deperirent , monuit me illius recor-
datio , & ob amorem illius terruit me tanta ſecuritas, ſimúlque
pietatis & charitatis affectus. Ille etenim poſt Deum dum ſuper-
eſſet , fuit noſtra immunitas & ſecuritas , pax & recuperatio, ac
ſequeſtratio omnis à ciuili negotio. Nos verò in hac re pietati illius
conſulentes , & cæterorum Regum velle ſtabiliri conantes charita-
tem fraternæ dilectionis veſtræ nobiſcum volumus concordari,
quatinus illius ſancti loci honor celeberrimus , & memoria jam
dicti Principis glorioſi eniteat eodem in loco omnibus hujus æui
temporibus , habeátque Abbatem ex propria Congregatione ipſa
Eccleſia. Qui ſub gubernatione Regum per ſucceſſiones eumdem
locum præuideat , ſitque alienus Pontifex omnis Pariſiorum ab*

eodem loco, vt non deinceps aliquam potestatem in omnibus ad ipsum locum pertinentibus habeat: simúlque sancimus, vt nullus Metropolitanus, aut aliquis Suffraganeus ejus causa alicujus ordinationis illuc ingredi praesumat, nisi solummodo ab Abbate ejusdem loci vocatus venerit ad sanctitatis mysterium celebrandum, aut ad Ecclesias consecrandas, aut ad benedictiones Clericorum vel Monachorum instituendas, quod debitum renuere nullatenus debet. Caeterùm quicquid à die praesenti tam à tempore meo, quàm & à successorum meorum omnium in sede Parisiorum residentium Episcoporum, vel à Deum timentibus Principibus eiusdem plebis, in fiscis, villis, agris, in auro, vel argento fuerit delegatum, siue donatum, vt ad integrum habeat, volo, rogo, conjuro. Decreui etiam per hanc chartulam Immunitatis, & Cessionis meam basilicam superiùs nuncupatam sine gestorum obligatione manere: & quia id antea consuetudo non fuit, & modò à Regibus & Principibus mihi est concessum, voluntatem pietatis vestrae in hoc scripto praetermittere nolui, sed in omnibus per vos roborari & confirmari exposco, vt deinceps ratum permaneat. Et si aliquis vmquam fuerit, qui contra hanc deliberationem meam (quam ego pro firmitatis studio cum Metropolitani & reliquorum Episcoporum consilio ac suasione decreui conscribere) quoquo tempore venire tentauerit, aut fortassis locum refragandi quaesierit, imprimis à liminibus sanctarum Ecclesiarum ab omnibus Episcopis & Sacerdotibus Dei tam praesentis temporis, quàm & futuri, sit excommunicatus, & alienus à pace: & in futuro Iudicio, cum Sanctis & amicis Dei (in quorum honore haec conscriptio facta est) meum ac dominorum meorum Metropolitanorum, seu Coepiscoporum praesentium super se adesse sentiat iudicium, ac sit anathema maranatha. Et insuper, vt haec chartula firmiorem possit adipisci plenitudinem, comprouincialium dominorum Episcopo-

rum, & fratrum meorum Presbyterorum seu Diaconorum conscriptionibus ipsam volui corroborare. Actum Parisius ciuitate sub die duodecima Calend. Septembris anno quinto domini Chariberti Regis. Germanus peccator hanc chartulam Cessionis & Immunitatis à me factam relegi & subscripsi sub die quo suprà. Nicetius Lugdunensis Episcopus in Christi nomine petente Apostolico domno & fratre meo Germano Episcopo, & domna Vltrogotha Regina, atque domna Chrodesinta ac Chroberga constitutionem hanc, scilicet à præsenti tempore à successoribus domni Germani Episcopi perpetuò custodiendam relegi, & manus meæ subscriptione corroboraui notato die. Prætextatus Cabillonensis Episcopus deliberationem superiùs comprehensam rogante & præsente domno Germano Episcopo gaudenter suscepi relegendam, & subscripsi notato die. Eufronius Niuernensis Episcopus rogante domno Germano Episcopo hanc deliberationem relegi & subscripsi notato die. Felix Aurelianensis Episcopus iuxta consensum & deliberationem domni Germani in perpetuo mansuram subscripsi notato die. Domicianus Carnotensis Episcopus iuxta consensum & deliberationem fratris mei Germani Episcopi consensi & subscripsi notato die. Domnolus Cenomanensis Episcopus consensi & subscripsi notato die. Caletricus peccator iuxta consensum & deliberationem domni Germani Episcopi consensi & subscripsi notato die. Victurius peccator iuxta deliberationem hanc Germano præsente fratre meo & rogante consensi & subscripsi notato die. Leodebaudus peccator consensi & subscripsi notato die.

Amanuensis Notarius sub iussione domni Germani Episcopi hoc priuilegium Cessionis scripsi, & subscripsi.

Ce Priuilege est rapporté dans l'Histoire d'Aimoin, imprimée à Paris l'an 1602. par le soin du Pere Iacques

du Breüil Moine de Saint Germain des Prez , & puis il
a esté compulsé l'an 1618. par les Moines de Saint Germain pour produire en vn procés qu'ils auoient contre
l'Euesque de Paris.

EXAMEN GENERAL
de ce Priuilege, question de droit.

OV ce Priuilege est contre le droit commun, qui
soûmet les Moines à la Iurisdiction des Euesques ; ou il n'y est pas : s'il n'y est pas , ce seroit vne
chose superfluë de l'examiner ; parce qu'vn tel Priuilege
ne choque point la Iurisdiction que l'Euesque de Paris
a sur le Monastere de Saint Germain : s'il est contre le
droit commun, il faut voir s'il n'est pas ou supposé ou subreptice. Car en cas de supposition ou de subreption, il
seroit inutile, & ne pourroit nuire à l'autorité de l'Euesque de Paris. Ce dilemme est indubitable. Or on maintient, selon la Iurisprudence de la Cour de Rome, qu'il
est certain qu'vn Priuilege contraire au droit commun
est supposé ou subreptice, quand il ne contient point
vne clause dérogatoire speciale aux Conciles Generaux, qui ont étably, ou plustost confirmé le droit commun. Cette Iurisprudence est au titre *de Capellis Mona-*
chorum chap. 3. ad Venetensem Episcopum. Ex parte tua fuit
propositum & infrà. Abbas & Conuentus Riuenensis, Veneten-
sis Dioceſis occaſione Literarum Apoſtolicæ Sedis aſſerunt, ſibi
eſſe conceſſum, vt in ſingulis ipſorum Prioratibus ſinguli Mo-
nachi commorentur, ſi pluribus facultates non ſuppetunt eorum-
dem. Cùm autem id obviet Lateranenſi Concilio, de quo nulla

est mentio in antedictis Literis,fraternitati tuæ breuiter responde-
mus,quòd hujusmodi Literas ab Apostolicâ Sede non credimus
emanasse.Quòd si per occupationem forsitan emanauerint,nolu-
mus per hoc derogari Concilio supradicto. La necessité de la
clause derogatoire speciale à vn Concile General tel que
celuy de Chalcedoine , qui a soûmis les Moines & les
Clercs à la Iurisdiction spirituelle des Euesques, est indubitable parmy tous les Iurisconsultes tant reguliers,que
seculiers. De ce grand nombre on en peut alleguer
trois, qui deposeront pour eux & pour les autres. Henry Henriquez Iesuite au tome 1. de sa Theologie Mo-
rale liure 7. chap. 26. *expressa mentio requiritur , vt deroge-*
tur decreto generalis Concilij,vt ostendit praxis , & cette pra-
tique vaut vn million d'Auteurs.

Ascanio Tamburini Moine Italien du Valombreux,
qui a vieilli dans la Cour de Rome, au tome 1. du droit
des Abbez disp. 15. quest. 15. *Concilio generali non censetur*
derogatum per clausulam generalem , nisi expressa mentio fiat
Concilij generalis dicendo,non obstante quauis constitutione seu
lege in generali Concilio edita.

Augustin Barbosa qui a long temps demeuré dans la
mesme Cour de Rome,& qui est mort nagueres, dans son
Commentaire sur le titre *de Capellis Monachorum* chap.
3. dit expressément : *Collige ex textu, nolumus per hoc de-*
rogari Concilio supradicto : speciale priuilegium contra jus com-
mune eidem non derogare ,si de eo mentio non habeatur. Et cét
Auteur en apporte vne fort bonne raison prise de la
difference , qui est entre vne Loy ou vn Canon & vn
Priuilege: *Lex,* dit-il, *summa cum deliberatione , consulta-*
tione, & euidenti necessitate promulgari solet , ac proinde in il-

*lius conſtitutione Princeps facilè circumueniri non poteſt. l. ɪɪ. de
Conſtit. Princip. Non ſic tenendum in Priuilegiis, quæ quòd
cum facillimo negotio concedantur propter Supplicantium im-
portunas preces, facilè Princeps poterit circumueniri: qua de
cauſa in Priuilegio mentio iuris eſt facienda, aliàs enim per
ignorantiam Priuilegium præſumitur concedi.*

Or maintenant ſi on reduit Saint Germain Eueſque de
Paris à la condition des Papes, & qu'on ne luy donne
pas plus d'autorité dans l'Egliſe, qu'on en donne aux Papes, tout le monde confeſſera ingenuëment, qu'il n'a
rien fait contre le droit commun, & qu'en cas que ſon
Priuilege fnſt contraire au droit commun, il paſſera neceſſairement pour ſuppoſé, ou pour ſubreptice, puiſ-
que Saint Germain ne deroge point au Concile general de Calchedoine, qui conformément à l'Eſcriture
ſainte a ſoûmis les Moines à la Iuriſdiction, & puiſſance
des Eueſques: cela ſoit dit ſans prejudice des Conciles
Prouinciaux & Nationaux de France, qui aſſujettiſ-
ſent les Moines à la conduite des Eueſques: & Saint
Germain ne derogeant non plus à ces Conciles, qu'à
celuy de Calchedoine, il s'enſuit donc que le Priuilege
de Saint Germain eſt, ou ſuppoſé ou ſubreptice, & de
nulle conſideration pour le proces, puiſqu'il manque
d'vne clauſe derogatoire, qui ſoit non ſeulement generale, mais auſsi ſpeciale.

Quand on parle icy d'vne clauſe ſpeciale derogatoire aux Conciles Generaux, cela ſe doit entendre,
comme il a eſté dit ſelon la Iuriſprudence de la Cour
de Rome, qui a eſté introduite depuis quelques ſiecles
en çà : car la Iuriſprudence du Saint Siege, qui eſtoit en

vſage du temps de Saint Germain, ne reçoit & ne reconnoiſt point de clauſe ſpeciale derogatoire aux Conciles generaux, ni aux Canons, qui ont eſté faits pour
le gouuernement de l'Egliſe.

Le Pape Hormiſda , qui eſt mort l'an 523. *in Indicu-
lo quem Ennodio Fortunato , & aliis Sedis Apoſtolicæ Legatis
Conſtantinopolim euntibus dedit : Quod ad Canones pertinet,
iam antè ſuggeſſimus, Canones ſoluere , in Religionem commit-
tere eſt.* C'eſt à dire, que violer les Canons , & pecher
contre la Religion, c'eſt la meſme choſe.

Le Pape Boniface II. qui eſt mort l'an 531. fait vne choſe , qui eſt de la derniere conſideration pour l'obſer-
uance des Canons , & contre les clauſes derogatoires.
Anaſtaſe le Bibliothecaire la raconte dans la vie de
ce Pape. *Hic congregauit Synodum in Baſilica beati Petri
Apoſtoli, & fecit conſtitutum , vt ſibi Succeſſorem ordinaret.
Quo conſtituto cum Chirographis Sacerdotum , & iurejurando
ante confeſſionem beati Petri Apoſtoli in Diaconum Vigilium
conſtituit. Eodem tempore factâ iterum Synodo , hoc cenſuerunt
Sacerdotes omnes propter reuerentiam ſanctæ Sedis , & quia contra Canones hoc factum fuerat , & quia culpa eum reſpiciebat,
vt ſucceſſorem ſibi conſtitueret , ipſe Bonifacius Papa reum ſe
confeſſus eſt majeſtatis, quòd Diaconum Vigilium ſua ſubſcri-
ptione Chirographi ante confeſſionem beati Petri Apoſtoli conſti-
tuiſſet, ac ipſum conſtitutum in præſentia omnium Sacerdotum,
& Cleri & Senatus , incendio conſumpſit.* La grande recon-
noiſſance que le Pape donne de ſa faute , & la maniere,
par laquelle il s'en corrige , monſtrent bien clairement
que la clauſe derogatoire n'eſtoit point en vſage à Rome, quoy que la Diſcipline, à laquelle il auoit derogé par

voye

voye de fait, soit moins fortement establie, que celle dont il s'agit presentement.

Le Pape Agapet, qui est mort l'an 536. confesse ingenuëment, qu'il ne peut déroger à vn Concile, qui n'est pas mesme general. C'est dans vne Lettre, par laquelle il répond à l'Euesque d'Arles nommé Cælarius : *Tanta est Deo propitio, & ad ea libentissimè concedenda, quæ alimoniis proficiunt pauperum, & circa tuæ fraternitatis affectum nostra deuotio, vt onerosum nobis nullatenus esse judicemus, quod annui vestris desideriis postulatis : Sed reuocant nos veneranda Patrum manifestissima constituta, quibus specialiter prohibemur, prædia juris Ecclesiæ, cui nos omnipotens Dominus præesse constituit, quolibet titulo ad aliena jura transferre. Qua in re vestræ quoque sapientiæ credimus esse gratissimum, quòd in nullo contra priscæ definitionis constituta, vel regulas pro qualibet occasione, vel sub cujuscunque personæ respectu venire præsumimus, nec tenacitatis studio, aut sæcularis vtilitatis causa hoc facere nos credatis, sed diuini consideratione judicij necesse nobis est, quidquid Synodalis decreuit auctoritas, inuiolabiliter custodire.* Il n'y a rien de plus opposé aux clauses dérogatoires, que ce Discours.

Le Pape Vigile, qui est mort l'an 555. à peu prés le temps que S. Germain a esté fait Euesque de Paris, dans vne Lettre iv. à l'Empereur Iustinian. *Rationem his prout Christianitatis meritum vestræ postulabat in quantùm valuimus, reddidisse sufficiat, quamuis nos nihil contra Synodalia, vel prædecessorum nostrorum Præsulum Sedis Apostolicæ constituta, aut commisisse aliquid, aut tentasse quisquam licèt astutus & subtilis inueniet.* Il défie qui que ce soit de monstrer qu'il ait jamais dérogé aux Statuts des Conciles.

Il ſçauoit que la tradition du S. Siege eſtoit contraire à ſemblables dérogatoires, qui ne ſe font jamais que pour vne grande neceſſité & vtilité, & pour vn temps, & non pas à perpetuité; mais ce genre de dérogatoires ne fait aucune loy.

Le Pape Pelage I. qui eſt mort l'an 559. declare dans ſa Lettre x1. qu'il écrit au Roy de France Childebert bon amy de Saint Germain, qu'il n'y a pas moyen de plaire à Dieu, qu'en obſeruant tres-exactement les ordres & les Canons de l'Egliſe, *& hujuſmodi cauſis ſollicitam vos in reliquo decet exhibere cautelam, nequid contra Eccleſiaſticas regulas petentibus concedatis; quia quod bene cognitum eſt religioſæ menti veſtræ, non aliter Deo noſtro rectè poteſt regalis deuotio famulari, niſi prouidentiâ ejus Eccleſiaſticorum Ordinum ſeruetur integritas.* Le Pape ne donneroit pas au Roy vn exemple de faire tout le contraire de ce qu'il luy recommande auec tant d'inſtance. Saint Germain âgé prés de quatre-vingts ans eſtant decedé l'an 576. ſelon la plus veritable Chronologie, qui met la mort de Clouis l'an 511. ou l'an 579. ſelon la moins veritable qui met la mort de Clouis l'an 514. a eſté contemporain de tous les Papes, dont les témoignages ont eſté rapportez cy-deſſus: auſquels il en faut joindre quelques-vns du Pape Gregoire I. lequel eſtant mort l'an 604. de noſtre Seigneur, a eſté contemporain de Saint Germain, encore que Gregoire n'ait commencé de tenir le Siege de Rome, qu'apres que Saint Germain a ceſſé de tenir celuy de Paris.

Voicy ce qu'il écrit au Liure 1. de ſes Epiſtres en l'Epiſtre 24. à Iean Patriarche de Conſtantinople : *ſicut ſancti*

Euangelij libros quatuor , sic & Concilia quatuor suscipere &
venerari me fateor. & vn peu apres: *Dum Concilia vniuersali*
sunt consensu constituta, se & illa non destruit. quisquis præsumit,
aut soluere quos ligant, aut ligare quos soluunt. Il n'y a rien
de plus opposé aux clauses dérogatoire, que ce discours.

Au Liure 2. Indict. 11. dans l'Epiltre 52. au mesme
Patriarche, *si Canones non custoditis, & Majorum Statuta*
vultis conuellere, non cognosco qui estis. Gregoire ne croyoit
pas pouuoir faire le contraire de ce qu'il exigeoit du
Patriarche ; autrement le Patriarche luy euft pû dire
auec raison, *non cognosco qui estis,* si Gregoire euft dérogé aux Canons.

Au Liure 9. dans l'Epiltre 32. à Romain Defenseur de
Sicile: *Si sua vnicuique Episcopo jurisdictio non seruatur, quid*
*aliud agitur, nisi vt per nos per quos Ecclesiasticus custodiri de_*
buit ordo, confundatur. On ne pourroit accorder ce discours
auec vne clause dérogatoire , qui souftrairoit à perpetuité les Moines de l'obeyssance de l'Euesque Dioce_
fain, auquel ils font foûmis de droit Diuin , & par la
disposition des Conciles.

Enfin au Liure 11. dans l'Epiltre 44. à Iean Euesque
de Palerme : *Tunc status membrorum integer manet , si caput*
fidei nulla pulset injuria, & Canonum manet incolumis , atque
intemerata semper auctoritas. Le Pape qui parle de la forte,
ferme la porte à toutes clauses dérogatoires des Canons, puisque la paix de l'Eglise dépend de l'obseruance des Canons.

Au refte cette Iurisprudence du S. Siege , qui eftoit
en vfage du temps de Saint Germain, a efté depuis peu
confirmée dans vn Liure imprimé à Rome par les foins

du Cardinal François Barberin, approuué par le Vice-
gerent, & le Maiſtre du ſacré Palais , & dedié au Pape
Alexandre V I I. Ce Liure eſt intitulé , *Collectio Romana bi-
partita.* On trouue dans ce Liure vne Lettre du Pape Siricius écrite aux Eueſques de l'Illyrie , dans laquelle il declare hautement qu'il n'eſt point Iuge competent d'vne
affaire, de laquelle le Concile de Capouë s'eſtoit ſaiſi , &
auoit donné des Commiſſaires pour la terminer. *Accepi ,*
dit-il , *literas veſtras de Bonoſo Epiſcopo, quibus vel pro veritate, vel pro modeſtia noſtram ſententiam ſuſcitari voluiſti: ſed cùm
hujuſmodi fuerit Capuenſis Concilij judicium , vt finitimi Bonoſo, atque ejus accuſatoribus Iudices tribuerentur , & præcipuè
Macedones , qui cum Epiſcopo Theſſalonicenſi de ejus factis ,
vel cognoſcerent, aduertimus, quòd nobis judicandi forma com-
petere non poſſet. Nam ſi integra eſſet hodie Synodus , rectè de
iis , quæ comprehendit ſcriptorum veſtrorum ſeries , decernere-
mus. Veſtrum eſt igitur , qui hoc recepiſtis judicium , ſententiam
ferre de omnibus , nec refugiendi , vel elabendi , vel accuſatoribus vel accuſato copiam dare. Vicem enim Synodi recepiſtis ,
quos ad examinandum Synodus elegit. Denique cùm Bonoſus
Epiſcopus poſt judicium veſtrum miſiſſet ad fratrem noſtrum
Ambroſium , qui ejus ſententiam conſuleret , interdictam ſibi
Eccleſiam irrumpere atque ingredi, reſponſum eſt ei , quòd nihil
temerandum foret , ſed omnia modeſtè , patienter ordine geren-
da , neque contra ſententiam veſtram tentandum aliquid , vt
quod videretur vobis juſtitiæ conuenire , ſtatueretis , quibus
hanc Synodus dederat auctoritatem. Ideo primum eſt , vt ij ju-
dicent , quibus judicandi facultas eſt data. Vos enim totius , vt
ſcripſimus , Synodi vice decernitis , nos quaſi ex Synodi auctoritate judicare non conuenit.* Le Pape Siricius ne confeſſ[e

pas feulement fon incompetence, mais auffi il la prou-
ue; qui eft la marque de la plus grande fincerité du
monde : car les Iuges, qui ne fe croyent pas compe-
tens, fe contentent ordinairement de le dire, & ne fe
mettent point en peine de le prouuer, comme fait le
Pape Siricius, qui monftre bien par fa conduite, qu'il
eft fujet aux Conciles, & qu'il n'y dérogeroit pas.

Il y a encore dans ce Liure des Lettres de plufieurs
Papes fucceffeurs de Siricius, qui efcriuent des chofes
fort oppofées aux claufes dérogatoires des Conciles &
des Canons.

Le Pape Celeftin dans vne Lettre addreffée aux
Euefques de l'Illyrie, dit : *Facilè fubdi fe patitur difciplinæ,
qui ipfam vt condecet, amplectitur difciplinam. Ita enim ordinatio cuncta fe habet, vt majoribus, ea quæ fub his effe docentur,
obediant, & in hoc gradu regularum cuncta vertuntur. Nos
quoque præcipuè circa omnes cura conftringimur, quibus necefsi-
tatem de omnibus tractandi Chriftus in fancto Petro Apoftolo,
cùm illi claues aperiendi claudendique daret, indulfit, & inter
Apoftolos fuos non qui altero effet inferior, fed eum maximè,
qui effet primus, elegit. Dominentur nobis regulæ, non regulis do-
minemur, fimus fubjecti Canonibus, cùm Canonum præcepta
feruamus.* Voilà vne doctrine tout-à-fait contraire à la
claufe dérogatoire des Conciles & des Canons.

Le Pape Sixte I I I. dans vne Lettre efcrite au Synode,
qui fe deuoit faire à Theffalonique, *Priorum*, dit-il, *judicium fequimur, hæc conftituendo, quæ ab illis nouimus con-
ftituta.* Il va au deuant des claufes dérogatoires fpeciales
inouïes en ce temps-là. Ce qu'il confirme dans vne autre
Lettre efcrite à l'Euefque Proclus. *Quoniam vnum cor &*

animum, vt dicit Scriptura, circa religionis obseruantiam , Canonum custodiam, & disciplinam Ecclesiasticam retinendam nos habere debemus & credimus. Voilà vn veritable esprit de sujettion aux Conciles & aux Canons, & non pas de dérogation.

Sainct Leon dans vne Lettre escrite à l'Empereur Martian touchant Anatolius : *Qui etiamsi præcipuis meritis , optimóque judicio, legitiméque fuisset ac solemniter ordinatus , contra reuerentiam tamen Canonum paternorum , contra Sancti Spiritus instituta , contra antiquitatis exempla nullis posset suffragiis adjuuari.* Y a-t-il rien de plus contraire aux clauses dérogatoires, que cela, si ce n'est que dans vne autre Lettre addressée à Anatolius , il semble encore encherir par dessus? *Sancti illi,* dit-il, *& venerabiles patres, qui in vrbe Nicæna sacrilego Arrio cum sua impietate damnato mansuras vsque in finem mundi leges Ecclesiasticorum Canonum condiderunt, & apud nos & in toto orbe terrarum in suis constitutionibus viuunt , & siquid vsquam aliter, quàm illi statuerunt, præsumitur, sine cunctatione cassatur, vt quæ ad perpetuam vtilitatem generaliter instituta sunt, nulla commutatione varientur, nec ad priuatum trahantur commodum , quæ ad bonum sunt commune præfixa , & manentibus terminis, quos constituerunt patres , nemo in jus tendat alienum , sed intra fines proprios atque legitimos prout quis valuerit in latitudine se charitatis exerceat.* On ne sçauroit jamais rien dire de plus expres contre les clauses dérogatoires aux Canons des Conciles generaux. Principalement quand la dérogation n'est pas pour vn temps , mais pour tousjours, comme les Moines pretendent qu'elle deuroit estre à l'égard d'vne exemption , qui les soustrairoit entierement de la jurifdiction fpirituelle des Euefques, & de l'obferuance des Canons, qui les y ont foûmis confor-mément à la Sainte Efcriture.

La Iurifprudence Ecclefiaftique & feculiere de Fran-ce appuiée fortement fur celle du Saint Siege, qui a efté deduite cy-deffus, ne reconnoift point de claufes dérogatoires aux Conciles generaux quand elles font à perpetuité, fi ce n'eft peut-eftre pour vn veritable fujet d'appel comme d'abus, parce que le Pape eftant felon la tradition du Saint Siege, & de l'Eglife Gallicane foûmis aux Conciles generaux, n'y peut déroger à per-petuité, comme il faudroit déroger au Concile de Cal-chedoine, & aux Conciles de l'Eglife Gallicane, afin de fouftraire les Moines de la jurifdiction fpirituelle de Euefques. Voilà pour ce qui concerne la claufe déroga-toire fpeciale, qui manque au Priuilege de S. Germain.

Maintenant il faut reduire tout ce difcours en peu de mots. Si dans le Priuilege de Sainct Germain (pre-tendu contraire au Droit commun) il n'y a point de claufe dérogatoire fpeciale, il doit paffer pour fuppofé ou fubreptice fuiuant la Iurifprudence de la Cour de Rome: s'il y en auoit, elle feroit nulle & abufiue comme eftant oppofée à la Iurifprudence du Sainct Siege & de l'Eglife Gallicane.

Autre moyen, mais moins general.

SVpposant encore que le Priuilege de S. Ger-main eft veritable & contraire au Droit com-mun, il faut neceffairement dire, qu'il eft de droit eftroit, & qu'il doit eftre interpreté à la rigueur des

termes, selon la Iurifprudence receuë de tout le monde:
In odiofis & pœnalibus etiam ex identitate vel majoritate ra-
tionis non fit extenfio , eft communis regula fecundùm Iaf. in l.
cùm quidam, de lib. & poſthu Il faut voir la doctrine des
Iuifconfultes reguliers fur cette maticre.

Iean Azor Iefuite au tome 2. de fes Inftitut. Mor. liure 7.
ch. 23. queft. 2. *Quando priuilegium eft contra jus commune, ſtri-*
ctè interpretari oportet, vt quàm minimùm juri communi deroget,
colligitur ex l. quoties c de precibus Imperat. offerendis , & l. ſi
quando. c. de inoff. teſt & c. 1. & 2. de filiis Presbyt. c. quod di-
lectio.

François Suares Iefuite au liure 7. des Loix chap. 17.
Priuilegium derogans juri communi regulariter reputandum eft
odiofum in ordine ad interpretationem, & ita reſtringendum eft
potiùs quàm extendendum. Ita docet Innocentius in cap. quod di-
lectio. de confang. & affinit. vbi etiam Panormitanus dicit, fen-
tentiam eſſe certam & communem. & vn peu plus bas : *Pro-*
batur ex dictis capit. Sanè & Porro, & ex regula juris , odia eſſe
reſtringenda. Nam derogatio juris communis ex eo capite odiofa
eft per fe loquendo , & ideo vitanda , quoad fieri poſſit. & plus
bas encore : *Priuilegium inferens præjudicium tertiæ perſonæ*
contra jus , quod jam habet acquiſitum , fub ea ratione odiofum
eft, ita vt reſtringi debeat, quoad fieri poſſit, quia non eft mens
Principis alteri auferre jus ſuum , niſi id expreſſè declaret.

Afcanio Tamburini Moine du Valombreux, au tom.
1. du droit des Abbez difp. 16. queft. 5. *Si priuilegium eft*
contra jus commune, ſtrictè interpretandum eft , vt quàm mini-
mum juri communi deroget, quia priuilegium quod eft contra
jus commune, continet diſpenſationem juris communis. fed diſ-
penſatio eft odiofa, & ſtrictè explicanda : ergo priuilegium, quod
eft

est contra ius commune, strictè est explicandum, quatenus scilicet opus est, vt non extendatur & amplietur derogatio juris communis vltra proprietatem verborum in priuilegio appositorum, & mentem concedentis, atque ita docent Glossa & alij communiter.

Or cela estant posé comme vn fondement inesbranlable, que les Priuileges opposez au Droit commun sont de Droit estroit, qu'il les faut expliquer à la rigueur, & que l'on n'y raisonne jamais, que pour les restraindre, & non pas pour les estendre & amplifier, il est necessaire de rapporter les clauses du Priuilege, que l'on presume estre contraires au Droit commun, afin de les interpreter selon la Iurisprudence cy-dessus alleguée. *Simul sancimus, vt nullus Metropolitanus, aut aliquis Suffraganeus ejus causa alicujus ordinationis illuc ingredi præsumat, nisi solummodò ab Abbate ejusdem loci vocatus venerit ad sanctitatis mysterium celebrandum, aut ad Ecclesias consecrandas, aut ad benedictiones Clericorum vel Monachorum instituendas, quod debitum nullatenus renuere debet.*

S'il y a dans le Priuilege quelque clause contraire au Droit commun, c'est celle-cy qui d'ailleurs n'y est pas contraire, si Saint Germain ne s'exclud luy-mesme & ses Successeurs; car en ce cas là le Priuilege ne contient rien de contraire au Droit commun. Qui plus est, Sainct Germain confirme le Droit commun en interdisant aux autres Euesques les fonctions Hierarchiques dans vn Monastere de son Diocese, laissant toutefois le pouuoir à l'Abbé & aux Moines de leur permettre ces fonctions dans le Monastere. Enfin on peut raisonnablement douter si Saint Germain s'exclud, ou s'il ne s'exclud pas luy-mefme : & dans ce doute le Droit commun preuaut , & on doit affeurément dire, que S. Germain ne s'exclud pas, ni par confequent fes Succef-feurs, qui demeurent dans le pouuoir de faire dans le Monaftere, tout ce que Sainct Germain defend aux Metropolitains & à leurs Suffragans.

Or fi on veut dire *fictione juris*, que Sainct Germain s'exclud luy-mefme & fes Succeffeurs, à l'égard des cho-fes mentionnées dans la claufe, il eft certain que l'Abbé & les Moines demeureront encore foûmis à l'Euefque de Paris, tant pour la correction en cas de contrauen-tion à la regle, que pour permettre à l'Abbé & aux Moines de fortir le Monaftere & d'aller en ville. Ou-tre cela, l'Abbé n'a point la liberté de baftir, ou de faire baftir dans fon Territoire fans la permiffion de l'E-uefque de Paris. Il n'y a point d'exemption de la Iurifdi-ction de l'Euefque pour les Eglifes, les Clercs & les Habitans du Faux-bourg : Sainct Germain ne donne point le pouuoir de faire faire toutes les fonctions Epifcopales, qui fe font prefentement dans le Faux-bourg de Sainct Germain.

Il y a bien dans ce Priuilege quelques autres clau-fes, qui contiennent des immunitez, mais elles ne font pas contraires à la jurifdiction fpirituelle de l'Euefque de Paris. Les voicy : *Habeat Abbatem ex propria congre-tione ipfa Ecclefia.* Mais n'eftant pas dit, que cét Abbé pourra fe faire benir, par qui il voudra, cét Abbé efleu demeure dans l'obligation du droit commun, qui eft de fe faire benir par l'Euefque de Paris, ou par vn autre auec fa permiffion.

Le Priuilege adjoufte : *fit alienus Epifcopus omnis Parifiorum ab eodem loco , vt non deinceps aliquam poteftatem in omnibus ad ipfum locum pertinentibus habeat.* Cette claufe ne regarde ni les perfonnes ni les meurs des perfonnes ; elle ne regarde, que les biens, poffeffions & reuenus de l'Abbaye, comme celle qui fuit : *Ceterùm quidquid à die præfenti tam à tempore meo, quàm à fucceff̍orum meorum omnium in fede Parifiorum refidentium Epifcoporum, vel à Deum timentibus Principibus ejufdem plebis , in fifcis, villis, agris, in auro vel argento fuerit delegatum, fiue donatum, vt ad integrum habeat, volo, rogo, conjuro.* Mais aprés tout, Saint Germain ne fe priue point ni fes Succeffeurs du droit qu'ils ont tous de prendre garde, que les biens de l'Abbaye ne fe diffipent, & de chaftier l'Abbé & les Moines en cas de diffipation, & de mauuais gouuernement.

Il faut maintenant reduire tout ce difcours en peu de mots. 1. Si Saint Germain ne s'exclud point, le Priuilege n'eft point contraire au droit commun, & il ne s'exclud point nettement. 2. Le Priuilege eft douteux en ce rencontre , & par confequent le droit commun a lieu. 3. Le Priuilege de Saint Germain eftant fuppofé veritable , & contraire au droit commun, doit eftre interpreté à la rigueur : & dans cette interpretation, qui eft indubitable parmy les Iurif̍confultes mefme reguliers , l'Abbé & les Moines demeurent fous la jurifdiction fpirituelle de l'Euefque de Paris. Au refte ce moyen qui eft decifif contre les Moines de Saint Germain, doit eftre pris felon la Iurifprudence de la Cour de Rome, qui reçoit les priuileges contraires au droit commun, quand il y a vne

clauſe dérogatoire ſpeciale : mais il ne peut pas eſtre
entendu ſelon la Iuriſprudence du Saint Siege & de
l'Egliſe Gallicane, qui ne reconnoiſſent point de clauſe dérogatoire ſpeciale aux Conciles Generaux , parce
que dans la queſtion preſente la clauſe dérogatoire
ſpeciale deuroit eſtre à perpetuité. Le Saint Siege &
l'Egliſe Gallicane reputent vne telle clauſe abuſiue,
comme il a eſté dit cy-deſſus.

Examen particulier du meſme Priuilege : *queſtion de fait.*

1. QVAND on aura bien leu & releu ce Priuilege, on ne trouuera point , que Saint Germain
diſe, que les Moines ſoient exempts de ſa correction,
& de ſa conduite ſpirituelle ; il ne dit point, qu'ils pourront en ſeureté de conſcience ne le reconnoiſtre plus
pour leur Eueſque & leur Superieur , & veritablement
il ne le pouuoit pas dire auſſi. Vn Eueſque eſt à l'égard
de tous ſes Dioceſains , ce qu'eſt vn Pere de famille à
l'égard de tous ſes enfans. Vn Pere de famille peut bien
par vne conniuence criminelle ne pas corriger ſes enfans quand ils viennent à manquer, & quand ils ne luy
rendent pas l'honneur, l'obeyſſance & le reſpect, que
Dieu & la Nature les obligent de rendre : mais il ne
peut ſe dépouïller du droit qu'il a de les corriger, &
d'exiger d'eux l'honneur, l'obeyſſance & le reſpect, qu'ils
ſont obligez de luy rendre: parce que ce droit eſt attaché
inſeparablement à la dignité de pere. Vn Pere de Famille
s'il n'a perdu le jugement, ne peut pas dire à ſes enfans : Ne
me reconnoiſſez plus pour voſtre pere, ne me rendez

plus l'honneur, l'obeyſſance & le reſpect, que Dieu & la Nature vous obligent de me rendre. Ie vous donne vn Priuilege pour vous exempter de cette obligation , & de choiſir qui vous voudrez pour voſtre pere. Enfin je déroge à la loy de Dieu qui vous oblige de m'honorer.

Tout de meſme vn Eveſque peut bien par vne conniuence reprochable ne pas corriger ceux , que Dieu a ſoûmis à ſa conduite, mais il ne peut pas ſe priuer du droit qu'il a par ſon charactere de les corriger, ſoit qu'ils ſoient Clercs , ſoit qu'ils ſoient Moines ou Laïques : parce que ce droit eſt attaché inſeparablement à, la qualité d'Eueſque & de Paſteur. Il faut neceſſairement depoſer cette qualité ici auparauant , que de quitter ce droit là. Eſt-il poſſible , qu'on ſe peuſt perſuader, que Saint Germain euſt dit à des Moines : Ne me reconnoiſſez plus pour voſtre Eueſque, ne m'obeïſſez plus, quand je voudray vous corriger auec juſtice de vos fautes : prenez qui vous voudrez pour voſtre Eueſque , quoy que le Saint Eſprit vous ait ſoûmis à ma conduite, & que le Concile General de Calchedoine, & les Conciles de l'Egliſe Gallicane ayent confirmé cette diſpoſition du Saint Eſprit.

Ne feignez point de me fermer la porte de voſtre Egliſe, & de voſtre Monaſtere, quand ie voudray y aller en habit d'Eueſque : Ne feignez point de vous ſouſtraire en vertu de mon Priuilege de mon obeïſſance, & de celle de mes ſucceſſeurs. Ie ſuis au deſſus du Concile de Calchedoine. I'y puis déroger meſme ſans le dire , & comme ce n'eſt pas aſſez de déroger à ce Concile, dont les Canons I V. & V I I I. ſont appuyez ſur l'Eſcriture

Sainte, je déroge encore à l'Escriture Sainte, qui dit, *Attendite vobis & vniuerſo gregi, in quo vos Spiritus San-ctus poſuit Epiſcopos regere Eccleſiam Dei.* qui dit : *Obedite præpoſitis veſtris, & ſubjacete eis : ipſi enim peruigilant, quaſi rationem pro animabus veſtris reddituri.* Ne vous en étonnez pas, je ſuis obligé de déroger à l'Escriture Sainte par la raiſon, qui oblige de nommer le Concile de Calchedoine en y dérogeant pour établir vne bonne exemption de la juriſdiction Epiſcopale. C'eſt que les commandemens & les loix de l'Escriture Sainte ne ſont pas faites auec moins de maturité & de ſageſſe, que les Canons d'vn Concile general, auquel pour cette raiſon il faut expreſſément & ſpecialement déroger, attendu que les Canons d'vn Concile general ſont dreſſez auec plus de maturité & de deliberation, qu'vn Priuilege contraire aux Canons, qui eſt tantoſt donné par importunité, tantoſt par ſubreption, tantoſt par des moyens, que l'on n'oſeroit honneſtement dire.

Et ſi Saint Germain a pû auec raiſon tenir ce diſcours aux Moines d'vn Monaſtere, il l'a pû tenir aux Moines de tous les autres Monaſteres, il l'a pû tenir à tous les Clercs, & à tous les Laïques de ſon Dioceſe. Et comme il n'y peut auoir plus de raiſon de le tenir aux vns qu'aux autres, il l'a pû tenir également à tous ſes Dioceſains. & apres l'auoir tenu & mis par écrit, Saint Germain ſe fuſt trouué Eueſque de Paris ſans aucun Dioceſain, ſe fuſt trouué Paſteur ſans oüailles, ſe fuſt trouué en eſtat de n'eſtre plus obligé d'entendre ces paroles de l'Escriture : *Attendite vobis, & vniuerſo gregi, in quo vos Spiritus Sanctus conſtituit Epiſcopos regere Eccle-*

siam Dei. Qui pourroit penfer que Saint Germain euft jamais efté éleû Euefque de Paris, fi quand il eftoit Abbé dans la ville d'Authun, il euft dit à ces Moines : Ie vous exempte de l'obeïffance que vous me deuez, ne me reconnoiffez plus pour voftre Superieur, lors que deformais je voudray en cette qualité-là vous cha-ftier & corriger de vos fautes. Croit-on dans la Con-gregation de Saint Maur, que le Pere General & les Abbez & Prieurs puiffent, vn-chacun refpectiuement, faire aux Religieux de chaque Abbaye, vn difcours femblable à celuy, qu'ils veulent auoir efté fait par Saint Germain, aux Moines d'vn Monaftere qui porte à prefent le nom de ce Saint Euefque. Si on croit qu'oüy, voilà vne Congregation bien eftablie & bien policée, en laquelle chaque Religieux aura la liberté de viure comme il voudra : fi on croit que non, pour-quoy eft-ce donc, que les Moines veulent que Saint Germain ait fait, ce qu'ils ne voudroient que l'on fift dans la Congregation de Saint Maur?

Apres tout cela, les Moines de Saint Germain ne fe feruiroient pas de ce priuilege, foit vray, foit faux pour s'exempter de la jurifdiction fpirituelle de l'Euefque de Paris, s'ils vouloient apprendre du Moine Marculfe ce que peut faire vn Euefque en telle rencontre. La premie-re Formule de Marculfe l'enfeigne de cette forte faifant parler vn Euefque à l'Abbé, à qui il donne vn priui-lege : *Quid verò vos vel fucceffores veftri fancto fuadente Spi-ritu deinceps cuftodiatis, immo fanctæ illius Ecclefiæ Epifco-pus debeat adimplere, huic paginæ credidimus inferendum. Hoc eft, vt de veftra congregatione qui in veftro Monafterio*

*ſanĉta debeant bajulare officia, cùm Abas, cum omni congre-
gatione popoſcerit, à nobis vel ſucceſſoribus noſtris ſacros per-
cipiat gradus. Nullum pro ipſorum honore præmium percepturus, altare in ipſo Monaſterio prædiĉtus Epiſcopus benedicat,
& ſanĉtum Chriſma annis ſingulis ſi voluerint poſtulare pro
reuerentia loci ſine pretio concedat, & juxta diſpenſationem diuinam, cùm Abas de ipſo Monaſterio à Domino migrauerit,
quem vnanimiter omnis congregatio illa Monachorum ex ſe-
metipſis optimæ regulæ comparatum & vitæ meritis congruen-
tem, ſimiliter ſine præmio memoratæ vrbis Epiſcopus ipſe pro-
moueat Abatem. Nullam penitus aliam poteſtatem in Monaſterio, neque in rebus, neque in ordinandis perſonis,* (pour
faire des Officiers clauſtraux) *neque in villabus ibidem
jam conlatis, aut deinceps regio munere aut priuatorum conla-
turis, vel in reliqua ſubſtantia Monaſterij nos ſucceſſoréſque
noſtri, aut Archidiaconi, ſeu cæteri ordinatores, aut quælibet
alia perſona prædiĉtæ ciuitatis habere non præſumat, aut quod-
cumque de eodem Monaſterio, ſicut de Parochiis aut cæteris
Monaſteriis muneris cauſa audeat ſperare aut ferre. Nec de
hoc, quod à Dominum timentibus hominibus tranſmiſſum,
aut in altario offertum fuerit, aut in ſacris voluminibus, vel
quibuſcumque ſpeciebus ad ornatum diuini cultus pertinet, aut
præſens conlata, vel deinceps conlatura fuerint auferre præſumat. Et niſi rogatus à congregatione illa vel Abbate pro oratione lucranda nulli noſtrûm liceat Monaſterij adire ſecreta, aut
finium ingredi ſepta, & ſi ab eis illuc Pontifex poſtulatus pro
lucranda oratione, vel eorum vtilitate acceſſerit, celebrato ac
peraĉto diuino myſterio, ſimplici ac ſobria benediĉtione percepta
abſque vllo requiſitu domo ſtudeat habere regreſſum, vt quatenus Monachi, qui ſolitarij nuncupantur, de perfeĉta quiete
valeant*

valeant duce Domino per tempora exultare, & sub sancta regula viuentes, & beatorum Patrum vitam sectantes, pro statu Ecclesiæ & salute Regis vel patriæ valeant pleniùs Dominum exorare. Et si aliquid ipsi Monachi de eorum religione tepidi, aut secus egerint, secundùm eorum regulam ab eorum Abbate si præualet, corrigantur: Sin autem Pontifex de ipsa ciuitate coërcere debet, quia nihil de canonica auctoritate conuellitur, quidquid domesticis fidei pro quietis tranquillitate tribuitur. Ce *quia* est pour faire obseruer que dans les Priuileges qu'vn Euesque donne à vn Monastere, il ne pretend rien donner, qui soit contraire à l'autorité des sacrez Canons, qui assujettissent les Moines aux Euesques. Dans cette formule vn Abbé est establi dans vn Monastere comme vn Curé dans vne Parroisse. Vn Curé est obligé de faire garder à ses Parroissiens les Commandemens de Dieu & de l'Eglise, & quand il ne trouue aucun refractaire, pour lors il se passe du secours de son Euesque, & n'a que des loüanges à luy faire de la docilité de ses Parroissiens ; mais quand il se rencontre quelque refractaire qu'il ne peut dompter, pour lors il a recours à l'Euesque, qui l'assiste à dompter l'opiniastreté du refractaire. Il en est de mesme d'vn Abbé à l'égard de ses Moines. Quand ils gardent tous exactement leur Regle, l'Abbé se passe du secours de l'Euesque, il l'asseure seulement que tous ses Religieux viuent dans l'ordre & dans la regle : mais si quelqu'vn devient si rebelle que l'Abbé ne puisse pas luy seul le reduire, pour lors l'Abbé employe l'autorité de l'Euesque, pour corriger celuy, qu'il n'a pû luy seul corriger. Gregoire le Grand, qui a vécu deuant Mar-

D

culfe, a donné à cét Auteur le plan, pour dreſſer vn priuilege au nom de l'Eueſque, tant à l'égard du tem‑porel, que du ſpirituel. C'eſt au liure 7. indiction 1. epiſtre 33. à Iean Eueſque de Squillaci, de qui quel‑ques Moines de ſon Dioceſe s'eſtoient plaints à ce Saint Pape. *Graue nimis, dit‑il, & contra Sacerdotale conſtat eſſe propoſitum, velle cujuſquam monaſterij priuilegia olim indulta confundere, & ad irritum quæ ſunt olim pro quiete diſpoſita, niti deducere.* C'eſtoient certains priuileges donnez pour le repos des Moines, à l'égard de leur ſubſiſtence, com‑me Gregoire l'explique plus bas, en mettant des bor‑nes à ce que deuoit faire cét Eueſque. *Seruatis itaque om‑nibus, quæ à tuis, ſicut diximus, prædeceſſoribus permiſſa ſunt, ac ſeruata, curæ tuæ ſit circa actus ac vitam conſiſtentium illic monachorum te vigilantem inſiſtere, & ſi quempiam illic prauè conuerſari, aut in aliquam immunditiæ, quod abſit, culpam inue‑neris incidiſſe, diſtricta ac regulari emendatione corrigere. Nam ſicut ab iis quæ incongruè vſurpantur, fraternitatem veſtram volumus abſtinere, ita in his, quæ ad diſciplinæ rectitudinem, vel animarum cuſtodiam pertinent, eſſe ſollicitam modis om‑nibus admonemus.* Le Pape pouruoit au repos des Moi‑nes en ce qui concerne leur ſubſiſtence, qui eſtoit troublée par l'Eueſque Dioceſain, & neantmoins con‑firme à l'Eueſque la juriſdiction ſpirituelle ſur les Moi‑nes, qui luy appartient de droit diuin & humain. L'E‑ueſque dans la Formule de Marculfe fait la meſme choſe, & ne ſçauroit plus faire ſans paſſer les bornes de ſon pouuoir.

2. Le Priuilege de Saint Germain eſt de nulle conſi‑deration pour vn procés. Il n'y a point d'original, il

n'y a qu'vne çopie, si toutefois on peut appeller copie, dont on ne sçauroit monstrer l'original, *Non statur exemplo, nisi constet de originali. authent. Si quis in aliquo, c. de eden. Vbi deficit exemplar exemplum deduci non potest. l. in testamento de condit. & demon.* C'est encore icy vne Iurisprudence receuë, & qui n'est point contestée.

3. Ce Priuilege est supposé depuis six cens ans en çà. Il est inoüy & sans aucun témoignage, ni vsage depuis l'an 5. du Roy Charibert jusques au temps de celuy, qui a supposé au Pape Pascal II. vn priuilege pour l'Abbé, & les Moines de Saint Germain des Prez. Personne n'a donc veû ni leû ce pretendu Priuilege l'espace de cinq cens ans & plus. Pourra-t-on en suite se persuader, que les Moines eussent laissé si long-temps vn priuilege dans l'oubly, s'il estoit veritable & vtile à prouuer l'exemption, dont ils jouïssent?

4. Le grand soin que les Moines ont pris pour autoriser ce Priuilege, en monstre la supposition. Ils ont corrompu pour cét effet l'Histoire d'Aimoin, qui viuoit l'an 1000. Voicy ce qu'ils ont fourré dans le second chapitre du liure 5. *His diebus beatissimus Germanus sentiens diem sui imminere exitus, cernens quoque Ecclesiam Romanæ Sedis multis atteri, vt suprà dictum est, in dejectione Siluerij & successione Vigilij, calamitatibus, verùm etiam, ne vrbis Parisiacæ Pontifices per succedentia tempora inquietudine aliqua peruaderent Ecclesiam sanctæ Crucis, sanctique Vincentij (quam gloriosus Rex Childebertus ædificauerat) occasione permaximè illa, quæ in præcepto Chlotarij Regis inuenitur, ita inquiens : Abbatem loci illius constituimus & cetera, præ-*

ceptum immunitatis edere decreuit, in quo omnes Episcopos Sedis Parisiacæ alienos efficeret ab hac occasione. Præuidebat enim mens sancta, quòd huic immunitati, vel libertati Monasteriorum postmodùm consentiret Sancta & Apostolica Romana Ecclesia, sicut etiam beatus Papa Gregorius, postmodùm in decretis suis sanciendo confirmauit. Hoc autem priuilegium tale est: Dominis viris & Apostolicis Sanctis, & in Christo fratribus omnibus Episcopis Parisiacæ vrbis cum gratia Dei futuris, & le reste du Priuilege tel qu'il a esté rapporté cy-dessus. Les Moines de Saint Germain ont inseré dans l'Histoire d'Aimoin tout ce discours, qui ne se trouue point dans les anciens manuscripts de cét Auteur, dont il y en a vn fort bon exemplaire dans la Bibliotheque de Monsieur le Chancelier de France. Neantmoins plusieurs ont creû que ce Priuilege estoit veritable, parce qu'il se trouuoit dans Aimoin, qui viuoit il y a six cens soixante ans. Monsieur du Chesne a retranché dans l'impression qu'il a faite l'an 1641. de l'Histoire d'Aimoin, tout ce que les Moines de Saint Germain y auoient inseré de temps en temps pour autoriser leurs pretentions, tant au spirituel, qu'au temporel de leur Abbaïe: & il est necessaire d'obseruer toutes ces choses, pour se prendre garde de toutes les productions, que peuuent faire les Moines de Saint Germain. *Qui semel fuit malus, semper præsumitur malus in eodem genere mali.*

5. Quand on supposeroit, que le Priuilege de Pascal II. fust veritable : cela ne seruiroit de rien pour justifier, que Saint Germain eust donné le Priuilege en question, & qu'on lisoit dans ce Priuilege au temps du Pape Pascal, ce qu'on y lit presentement. Le Pape Pascal ne

rapporte point le Priuilege de Saint Germain tout entier, qui est vne condition necessaire pour la veritable
confirmation d'vn Priuilege. Qui nesçait, qu'on le peut
transcrire, & en le transcriuant y adjoûter ou diminuer ce qu'on jugeroit à propos, & de ce l'on en feroit
volontiers Iuge Dom Doisseau fort connu dans l'Abbaye de Saint Calais, s'il viuoit encores, ou Dom Maur
de la Grange s'il estoit en liberté, & qu'il fust reuenu
du lieu, où il doit seruir le Roy l'espace de neuf ans.
Dauantage quand le Pape Pascal rapporteroit ce Priuilege tout entier, il ne le rapporteroit que par le recit
des Moines, & *prout exponitur.* D'où vient, que si l'on a
exposé au Pape vn faux Priuilege, le Pape aura fait
mention d'vn faux Priuilege; & si l'on a exposé au Pape
vn veritable Priuilege, le Pape fait mention d'vn veritable Priuilege : ainsi on ne peut asseurer que le Priuilege de Saint Germain fust veritable, parce que le Pape
Pascal II. en parle dans son Priuilege datté de l'an
1107.

6. On n'auroit jamais fini, si on vouloit déduire tous
les moyens de faux qui sont dans le tissu de ce Priuilege. Vn seul moyen peut suffire, qui est pris de la soub-
scription de Pretextat Euesque de Chaalons sur Saone:
*Prætextatus Cabillonensis Episcopus deliberationem superiùs
comprehensam rogante, & præsente domino Germano Episcopo
gaudenter suscepi relegendam, & subscripsi notato die.* Cét Euesque est imaginaire & supposé. Le veritable Euesque de
Chaalons sur Saone, qui estoit pour lors, s'appelle Agrecula, dont Gregoire de Tours a fait l'eloge dans le liure
5. de son Histoire chap. 47. *Agræcula autem* (Cabilonensis)

Epiſcopus hoc tempore(anno 5.Childeberti Iunioris)*obiit, fuit-*
que homo valde elegans, ac prudens genere Senatorio, multa in
ciuitate illa ædificia fecit , domos compoſuit , Eccleſiam fabri-
cauit, quam columnis fulciuit, variauit marmore, muſiuo depin-
xit. Magnæ autem abſtinentiæ fuit. Nam nunquam prandio
vſus eſt, niſi tantummodò cœna, ad quam ſic temporiùs reſidebat,
vt ſole ſtante conſurgeret. Humanitatis exiguæ , facundiæ verò
magnæ erat. obiit autem Epiſcopatus anno X L V I I I. *æui*
L X X X I I I. *cui Flauius referendarius Regis Guntranni ſuc-*
ceſſit. Agrecula a eſté Eueſque de Chaalons long-temps
auparauant que Saint Germain fuſt Eueſque de Paris, &
Agrecula a ſuruefcu Saint Germain. Agrecula fut in-
ſtitué Eueſque de Chaalons l'an 532. & il eſt mort l'an
580. & Saint Germain a eſté fait l'an 555. ou 556. & eſt
mort l'an 576. ſelon la plus veritable Chronologie, qui
met la mort de Clouis l'an 511. de noſtre Seigneur. Il
faut reculer de trois, tant pour Agrecula , que pour S.
Germain ſelon la moins veritable Chronologie , qui
met la mort de Clouis l'an 514. Cela eſtant ainſi, il eſt
manifeſte que Pretextat Eueſque de Chaalons ſur Saone, qui ſouſcrit au priuilege de ſaint Germain l'an 5.
du Roy Charibert , & l'an 567. ou 569. de noſtre Seigneur, eſt imaginaire & ſuppoſé : peut-on deſirer vne
plus euidente marque de fauſſeté?

 7. Si on deſire vne plus euidente marque de fauſſeté,
que la precedente, on la trouuera dans le Compulſoire que les Moines de Saint Germain firent faire de leur
plus beaux titres l'an 1618. pour ſeruir au proces qu'ils
auoient en ce temps contre l'Eueſque de Paris. Il faut
rapporter les propres paroles du Compulſoire. *A tous*

du Priuilege de Monsieur de Saint Germain. On prend icy
Saint Germain Euesque de Paris pour vn Gentil-hom-
me, qui se nommoit Monsieur de Saint Germain. *Le Vi-*
dimus du Priuilege de Monsieur de Saint Germain. Est-il possible que le Preuost de Paris eust pû faire vne telle
faute?

Enfin le Vidimus a esté fait l'an 1397. le Vendredy 25.
de Ianuier : mais parce que l'an 1397. la lettre Domini-
cale estoit vn G. le 25. Ianuier n'estoit pas vn Vendredy,
mais vn Ieudy. Marque euidente de fausseté. Les Moines
ont fait le Vidimus sous le nom de Monsieur de Folleuille, & l'ont bien mal fait : *mentita est iniquitas sibi.*

PRIVILEGE DV PAPE
Pascal II.

PASCALIS *Episcopus seruus seruorum Dei dilecto filio*
Romaldo Abbati Monasterij Sancti Germani Parisia-
cæ vrbis Episcopi, ejúsque successoribus regulariter instituendis
in perpetuum. Religiosis desideriis dignum est facilem præbere
consensum, vt fidelis deuotio celerem sortiatur effectum. Quia
igitur dilectio tua ad Sedis Apostolicæ portum confugiens,
tuitionem ejus deuotione debitâ requisiuit, nos supplicationi tuæ
clementer annuimus, & beati Germani Monasterium, cui aucto-
re Deo præsides, cum omnibus ad ipsum pertinentibus sub beati
Petri tutelam protectionémque suscipimus. Præsentis itaque pri-
uilegij paginam tibi, tuisque successoribus in perpetuum confir-
mamus, vt quæcumque libertas, quæcumque dignitas priuilegio
beati Germani, scriptis Childeberti, Chlotarij, atque aliorum

E

Regum Francorum veſtro Monaſterio collata eſt, quæcumque bona, quæcumque poſſeſſiones conceſſione Pontificum, liberalitate Principum, vel oblatione fidelium ad idem cœnobium pertinere noſcuntur, quæcumque etiam in futurum juſtè atque canonicè poterunt acquiri vel adipiſci, firma tibi, tuiſque ſucceſſoribus, & illibata permaneant. Decernimus ergo, vt nulli omnino hominum liceat veſtram Eccleſiam temerè perturbare, aut ejus poſſeſſiones auferre, vel ablatas retinere, minuere, vel temerariis vexationibus infeſtare; ſed omnia integra conſeruentur, eorum, pro quorum ſuſtentatione & gubernatione conceſſa ſunt, vſibus omnimodis profutura. Omnis verò Abbas poſt te, qui congregatione ejuſdem cœnobij ſecundùm regulam beati Benedicti electus fuerit, à Romano Pontifice, vel à quo maluerint, Catholico Epiſcopo conſecretur. Præcipimus quoque Apoſtolicâ authoritate, ne quis Epiſcoporum oleum, chriſma, benedictiones, ordines, vel quæcumque ex Pontificali miniſterio ſunt neceſſaria, eis vel ſucceſſoribus eorumdem deneget. Miſſas itaque, ordinationes, ſtationes ab omni Epiſcopo vel Clero Pariſienſis Ecclesiæ in eodem Monaſterio præter voluntatem Abbatis, vel congregationis fieri prohibemus, nec habeat ibi aliquam poteſtatem imperandi, ſed nec ipſis interdicere, nec excommunicare, nec ad Synodum vocare Abbatem, vel Monachos, Preſbyteros aut Clericos Eccleſiarum ipſius loci facultatem damus. Si qua igitur in futurum Ecclesiaſtica ſæculariſve perſona hanc noſtræ conſtitutionis paginam ſciens contra eam temere venire tentauerit, ſecundò tertióve commonita, ſi non ſatisfactione congruâ emendauerit, poteſtatis honoriſque ſui dignitate careat, reúmque ſe diuino judicio exiſtere de perpetrata iniquitate cognoſcat, & à ſacratiſsimo corpore ac ſanguine Dei & Domini redemptoris noſtri Ieſu Chriſti aliena fiat, atque in extremo examine diſtrictæ vltioni ſubjaceat. Cunctis autem eidem

loco jufta feruantibus fit pax Domini noftri Iefu Chrifti, quatenus *&* hîc fructum bonæ actionis percipiant , *&* apud diftri-
ctum judicium præmia æternæ pacis inueniant. *Amen ,amen,
amen.*

Ego P A S C A L I S *Catholicæ Ecclefiæ Epifcopus.*

*Datum Lateranis per manum
Vbertus Sanctæ Romanæ Ecclefiæ
Diaconus Cardinalis , ac Bibliothecarius, Kal. April. Indict.* X V. *Incarnationis Dominicæ anni* M. C.V I I.

Pontificatus autem domini *Pafcalis fecundi Papæ anno* V I I I.
& au dos eft écrit.

L'an mil fix cens dix-huit, le vingt-neufiéme jour de Mars
à la requefte des Religieux , Abbé *&* Conuent *de Saint Germain des* Prez, *&* fuiuant les Lettres de Compulfoire par eux
obtenuës en datte du vingt-troifiéme des prefens mois* *&* *an,
figné* Bugard, *&* feellé; le contenu cy deffus, ainfi qu'il eft re-
prefenté, a efté par moy Sergent à Verge au Chaftelet de Paris,
fous-figné, extrait, vidimé, *&* collationné de mot à mot fur l'original eftant* E N P A R C H E M I N, *ainfi qu'il eft plus à plein
contenu* *&* *mentionné en mon procés verbal dudit Compulfoire en
datte defdits jour, mois* *&* *an,pour feruir aufdits Religieux ce que
de raifon au procés qu'ils ont pendant en la Cour de Parlement à
Paris, à l'encontre de Meffire Henry de Gondy Euefque de Paris* *&* *conforts. Fait en prefence des témoins icy nommez en mon
procés verbal, figné* Alliot.

E ij·

EXAMEN GENERAL
du Priuilege de Pafcal II. queſtion de droit.

SVPPOSANT auec les Moines de Saint Germain, que ce Priuilege eſt veritable & contraire au droit com- mun, il faut neceſſairement dire ſelon la Iuriſprudence de la Cour de Rome, que ce Priuilege eſt faux ou ſubre- ptice. Car ſi l'Archeueſque de Paris conſultoit le Pape Honoré III. ſur ce Priuilege, il luy reſpondroit à l'égard du Concile de Calchedoine, qui aſſujetit les Moines aux Eueſques, ce qu'il reſpondit autrefois à l'Eueſque de Vennes, touchant le Concile de Latran. Il diroit: *Cùm autem id obuiet* Calchedonenſi Concilio, *de quo nulla eſt men- tio* in Paſcalis priuilegio, *fraternitati tuæ breuiter reſpondemus, quòd huiuſmodi* Priuilegium *ab Apoſt. Sede non credimus ema- naſſe, quòd ſi per occupationem forſitan emanauerit, nolumus per hoc derogari Concilio ſupradiſto.* Dans le Priuilege de Paſcal, il n'y a aucune clauſe dérogatoire ni generale, ni ſpeciale au Concile de Calchedoine, duquel ce Pape ne fait aucune mention, comme il paroiſt par la lecture que tout le mon- de en peut faire. Ce priuilege eſt donc faux ou ſubrepti- ce ſelon la deciſion du Pape Honoré, & ſelon la Iuriſpru- dence de la Cour de Rome, & le ſentiment commun des Iuriſconſultes meſme reguliers: & par conſequent il ne peut ſeruir pour juger la cauſe preſente, ſinon que pour la faire perdre à ceux qui emploiroient vne telle piece.

Que ſi dans le priuilege il y auoit vne clauſe déroga- toire ſpeciale au Concile de Calchedoine, le Priuilege ſe- roit abuſif ſelon la Iuriſprudence du ſaint Siege , & de l'Eglise Gallicane, comme il a esté plus amplement deduit dans l'examen general du Priuilege faussement attribué à Saint Germain Euesque de Paris.

Secondement en supposant encores auec les Moines de Saint Germain, que ce Priuilege est veritable & contraire au droit commun, il faut necessairement dire selon la Iurisprudence receuë de tout le monde, que ce priuilege est de droit estroit, & qu'ensuite on doit plustost le restraindre que l'estendre, & que ce qui n'y est pas exprimé, n'est pas accordé ni soustrait à l'Euesque de Paris, comme il est assez amplement deduit & prouué dans l'examen general du Priuilege faussement attribué à Saint Germain Euesque de Paris. Voicy donc ce qui est exprimé dans ce Priuilege contre le droit commun. *Omnis verò Abbas post te, qui congregatione ejusdem cœnobij secundùm regulam sancti Benedicti electus fuerit, à Romano Pontifice, vel à quo maluerint, Catholico Episcopo consecretur. Præcipimus quoque Apostolica auctoritate, nequis Episcoporum oleum, chrisma, benedictiones, ordines, vel quæcunque ex Pontificali ministerio sunt necessaria, eis vel successoribus eorumdem deneget. Missas itaque, ordinationes, stationes ab omni Episcopo vel clero Parisiensis Ecclesiæ in eodem Monasterio præter voluntatem Abbatis vel congregationis fieri prohibemus : nec habeat ibi aliquam potestatem imperandi; sed nec ipsis interdicere, excommunicare, nec ad Synodum vocare Abbatem vel Monachos, Presbyteros aut Clericos Ecclesiarum ejusdem loci facultatem damus.*

1. Pascal permet icy à l'Abbé de Saint Germain de se faire benir, ou par le Pape, ou par quelque autre Euesque Catholique: mais il ne luy permet pas ensuite d'exercer aucune jurisdiction spirituelle dans l'estenduë du territoi-

re de l’Abbaye de Saint Germain, & s’il ne luy permet pas l’exercice de cette jurifdiction, elle demeurera toute entiere à l’Euefque de Paris, felon la forme & teneur du droit commun, qui n’eft pas diminué à cét égard, comme il l’eft à l’égard de la confecration ou benediction de l’Abbé.

2. Pafcal ordonne qu’aucun Euefque n’ait à refufer aux Abbez de Saint Germain les faintes Huiles, ni le Chrefme, ni les Benedictions, ni les Ordres, ni enfin tout ce qui eft neceffaire & dépendant du Miniftere Epifcopal: mais faire vne telle Ordonnance, n’eft pas donner le pouuoir à l’Abbé de Saint Germain de faire l’Euefque dans vn Fauxbourg de Paris, ou d’eftablir vn grand Vicaire & vn Official qui faffent les fonctions d’vn Euefque, comme on les y fait prefentement.

3. Pafcal ordonne ce qui a efté marqué cy-deffus fans s’expliquer dauantage, & fans parler de l’exercice de la Iurifdiction fpirituelle : il la referue donc toute entiere à l’Euefque Diocefain, & fe contente feulement de diminuer le droit commun à l’égard des chofes qu’il fpecifie.

4. Et s’il eftoit permis par la Iurifprudence des Priuileges contraires au droit commun de raifonner fur le Priuilege de Pafcal pour l’eftendre, qui pourroit fans fe faire mocquer de foy, raifonner de la forte : Monfieur l’Euefque d’Orleans en obeïffant au Pape Pafcal, a donné des faintes Huiles & du Chrefme à l’Abbé & aux Moines de S. Germain des Prez, donc l’Abbé & les Moines ont le pouuoir de faire publier des Iubilez dans le Faux-bourg de S. Germain, & donner aux Preftres la permiffion de confeffer

& de preſcher l'Euangile. Monſieur l'Eueſque d'Orleans
en obeïſſant au Pape Paſcal a conſacré l'Abbé de Saint
Germain des Prez : donc cét Abbé a le pouuoir de faire
publier des bans, & d'en donner la diſpenſe ; donc cét
Abbé a le pouuoir de juger de la validité, ou inualidité des
contracts de mariage ; donc cétAbbé a le pouuoir d'eriger
vn Tribunal de Iuſtice Eccleſiaſtique tout auſſi haut que
celuy de l'Eueſque de Paris. On dira que ſont là des
raiſonnemens fort ridicules, & on dira vray : & neantmoins ce ſont ceux-là, qu'on fait, ou qu'on a fait autrefois dans le Monaſtere de Saint Germain ſur le Priuilege de Paſcal.

  5. Paſcal ordonne, que l'Eueſque & le Clergé de l'Egliſe
de Paris ne diront point laMeſſe, ne mettront aucunes ſta-
tions,&que l'Eueſque ne donnera point lesOrdres dans le
Monaſtere, côtre la volonté de l'Abbé& des Moines:donc
l'Abbé & les Moines ont le pouuoir d'eſtablir par tout où
ils voudront des Oratoires, & de conuertir l'Egliſe de
leur Monaſtere en Parroiſſe, d'auoir des Orgues, d'appeller les peuples dans leur Egliſe, d'y eſtablir des con-
feſſionnaux, d'y preſcher ou faire preſcher la parole de
Dieu, d'y communier les peuples à Paſques, d'appeller
des Eueſques de toutes parts pour y donner les Ordres
Sacrez, & pour y conſacrer des Eueſques ſans la permiſſion de l'Eueſque Dioceſain : donc l'Abbé& les Moines
ont le pouuoir de n'eſtre plus ſolitaires, & de faire que leur
Egliſe, qui eſtoit vne Egliſe de Solitaires, ſoit vn lieu
où les peuples s'aſſemblent auec eux. Voilà comme on
raiſonne ſur vne telle exemption, qui d'ailleurs n'a point
d'autre obiet, que de ne point ſouffrir és choſes pour

lefquelles on a vne exemption. On raifonne pourtant de la forte dans le Monaftere de Saint Germain, mais on ne raifonne pas comme cela dans le Village de Boulongne. Vn Habitant de ce lieu, qui eft exempt de la taille, c'eft à dire qui ne fouffre point cette incommodité, que les autres Habitans fouffrent, n'a pas droit de mettre fes voifins à la taille, ou d'aller à la chaffe dans le bois de Boulongne. Il faut outre l'exemption de la taille, auoir vn priuilege du Roy, tant pour mettre fes voifins à la taille, que pour aller à la chaffe. Le fens commun & mefme le plus commun enfeigne cela. Ne fe mocqueroit-on pas de cét Habitant exempt de la taille, s'il difoit, I'ay mis mon voifin à la taille, je vais à la chaffe dans le bois de Boulongne, parce que je fuis exempt de la taille, ou de la Iuftice du Chaftelet.

6. Pafcal dit, qu'il ne donne point à l'Euefque de Paris le pouuoir d'interdire, d'excommunier & d'appeller à fon Synode l'Abbé, les Moines, les Preftres, & les Clercs des Eglifes de ce lieu-là. S'enfuit-il, que l'Abbé & les Moines ont le pouuoir d'interdire, d'excommunier, de faire vn Synode, & d'y appeller les Preftres & les Clercs, & les Moines du Fauxbourg de Saint Germain. On raifonne de cette maniere dans les lieux, où l'on ne fçait pas ce que c'eft qu'vn Priuilege contraire au droit commun, & qui eft de droit eftroit. Il faut autrement raifonner fur cette claufe, & dire, que le Pape n'ofte à l'Euefque que ce dont il s'explique, & qu'il ne luy ofte point ce dont il ne s'explique nullement. Cela eftant ainfi, l'Euefque pourra chaftier l'Abbé & les Moines, s'ils commettoient des crimes qui meritaffent, qu'on

mift

mist le Monastere en interdit, & qu'on excommuniast les Moines suiuant les formes canoniques. *Speciale in vno denotat jus commune in contrarium. l. 1. in fi. ad municip. glof. in l. fr. in verbo admodum. in fi. C. de his, qui ad Ecclesiam confug.*

7. Il faut encore examiner cette clause de plus prés. Le Pape ne donne point à l'Euesque de Paris le pouuoir d'appeller à son Synode l'Abbé, les Moines, les Prestres, & les Clercs des Eglises de ce lieu ; Donc le Pape donne le pouuoir à l'Abbé & aux Moines de faire vn Synode pour conseruer la vie solitaire ; donc le Pape donne le pouuoir à l'Abbé & aux Moines de donner des Lettres Dimissoires pour prendre les Ordres Sacrez de l'Euesque de Paris, en sorte que ceux du Fauxbourg, qui seroient ordonnez par l'Euesque de Paris sans telles Lettres Dimissoires, seroient irreguliers ; Donc le Pape donne pouuoir à l'Abbé & aux Moines d'ordonner des processions generales, de publier les Iubilez, & de determiner les Stations pour les gaigner ; Donc le Pape donne pouuoir à l'Abbé & aux Moines de visiter les Monasteres de Filles dans le Fauxbourg, de les receuoir à profession, & de bastir des Eglises & des Oratoires sans la permission de l'Euesque de Paris. Il n'y a point de doute que ces raisonnemens sont ridicules, & cependant on n'en fait point d'autres dans l'Abbaye de Saint Germain, pour tromper les ignorans & amuser les peuples.

8. Il est donc tout euident, que suiuant la Iurisprudence, que l'on doit garder dans l'examen des priuileges opposez au droit commun, l'Abbé & les Moines n'ont aucun pouuoir par le priuilege de Pascal de faire aucunes fonctions Episcopales dans le Fauxbourg, beaucoup

moins d'y establir vn grand Vicaire, & vn Official qui
puissent faire ou faire faire toutes les fonctions Episcopales.

Examen particulier du Priuilege de Pascal II. question de fait.

1. IL y a dans ce priuilege plusieurs incongruitez, qui le
rendent nul, selon la Iurisprudence, qui estoit en
vsage à Rome deuant & apres le temps du Pape Pascal II.

La premiere incongruité est en ces mots : *Quæcumque
(bona vel possessiones) poterunt acquiri vel adipisci.* Si le nominatif de, *poterunt*, est *Abbas & Abbatis successores*, il faloit
mettre *acquirere vel adipisci :* & si le nominatif de, *poterunt*,
est *quæcumque*, on pouuoit bien mettre *acquiri*, mais on ne
pouuoit pas adjouster, *vel adipisci*, parce qu'*adipisci*, est
verbe deponent, qui a la signification actiue, & non pas
passiue. On entend parler du verbe *adipiscor* & de son infi-
nitif *adipisci*, parce que le participe *adeptus* a la signification passiue dans Ciceron : mais cela ne tire à consequence aucune pour *adipisci*.

La seconde incongruité est en ce mot, *maluerint*, pour
maluerit. C'est vne incongruité fort notable de mettre
vn pluriel pour vn singulier : Le compulsoire porte, que
ce priuilege *a esté collationné de mot à mot à l'original estant
en parchemin.*

La troisiéme incongruité est en ces mots : *omnis verò
Abbas, qui post te congregatione ejusdem cœnobij secundùm regulam beati Benedicti electus fuerit*, il faloit mettre *à congregatione*, pour garder la congruité.

La quatriéme incongruité eſt dans la datte : *Datum La-*
teranis per manum Vbertus ſanctæ Romanæ Ecclesiæ Diaconus
Cardinalis ac Bibliothecarius, il faloit mettre, *Vberti ſanctæ*
Romanæ Ecclesiæ Diaconi Cardinalis ac Bibliothecarij.

La cinquiéme incongruité eſt dans la meſme datte,
Incarnationis Dominicæ anno M. CVII. *Pontificatus autem*
Domini Paſcalis ſecundi Papæ anni VIII. il faloit mettre
anno VIII.

La Iuriſprudence du ſaint Siege à l'égard des incongruitez qui ſe trouuent dans de ſemblables priuileges ou
reſcripts , eſt marquée par les Papes meſmes. Gregoire
VII. qui a precedé Paſcal II. au liure 1. de ſon Regiſtre,
epiſtre 33. *ad fratres monaſterij beatæ Mariæ ſiti in Epiſco-*
patu Dordonenſi : Veniens ad noſtram præſentiam frater
Benedictus , quem poſt obitum Patris Vberti religio veſtra ſibi
præeſſe elegit in Abbatem , detulit nobis quoddam priuilegium,
quod beatæ recordationis prædeceſſoris noſtri Alexandri nomine
titulatum inuenimus , quod nimirum ratum non eſſe manifeſtiſſi-
mis deprehendimus indiciis, CORRVPTIONE VIDELI-
CET LATINITATIS, *nec non & diuerſitate canonicæ aucto-*
ritatis. Le Pape Paſcal a pû voir & pratiquer Gregoire
VII. qui eſt mort l'an 1085. & Paſcal a eſté fait Pape
l'an 1099.

Le Pape Luce III. dit la meſme choſe, que Gregoire
VII. apres le temps de Paſcal II. C'eſt au titre *de Re-*
ſcriptis. chap. *ad audientiam ,* dans la Collection des Decretales imprimée à Paris l'an 1550. *Ad audientiam noſtram*
te ſignificante peruenit : quòd H. de Sancto Stephano ſuper abſo-
lutione ſua litteras tibi , vt prima facie videbatur , Apoſtolicas
præſentauit , quibus, QVONIAM MANIFESTVM CONTINENT

IN CONSTRVCTIONE PECCATVM, *fidem te nolumus adhibere.*
La glosse dit, *contra istam præsumptionem non est admittenda
probatio.* Cela estant ainsi, il faut rejetter le priuilege de
Pascal comme nul & de nul effet.

2. L'Abbé de S. Germain des Prez, qui estoit l'an 1107.
s'appelloit Raynaldus, & non pas Romaldus, au moyen
dequoy le Pape Pascal addresse son Priuilege à vn Abbé
supposé. *Pascalis Episcopus seruus seruorum Dei dilecto filio
Romaldo Abbati.* Celuy qui a fabriqué le Priuilege, ne viuoit pas de ce temps-là, & il ne sçauoit pas bien le nom
de l'Abbé, à qui il faloit addresser le Priuilege.

3. Les Papes quand ils escriuent à l'Abbé de Saint Germain, ne se seruent point de cette inscription, *Abbati
monasterij sancti Germani Parisiacæ vrbis Episcopi,* ils n'adiou-
stent point *Parisiacæ vrbis Episcopi.* Voilà vne marque euidente de fausseté, & qui ne peut estre contredite par aucune autre semblable inscription, qui soit veritable.

4. L'Abbé de Saint Germain demande au Pape Pascal
vne protection & sauuegarde du saint Siege, & le Pape
luy accorde. *Quia igitur dilectio tua ad Sedis Apostolicæ portum confugiens tuitionem ejus deuotione debita requisiuit. Nos
supplicationi tuæ clementer annuimus, & beati Germani monasterium, cui auctore Deo præsides, cum omnibus ad ipsum pertinentibus sub beati Petri tutelam protectionémque suscipimus.*
Voilà la protection demandée & accordée, laquelle toutefois est suiuie d'vne espece d'exemption de la jurisdiction spirituelle de l'Euesque Diocesain sans aucune cause; & cela est vne marque de supposition, ou de subreption, parce que ce n'est pas la coustume, qu'vn Superieur
donne plus qu'on ne luy demande, *fatuus judex qui vltra*

quæsita pronuntiat. De plus vne protection n'eſt pas vne exemption telle qu'elle ſe rencontre dans ce priuilege. L'object & la fin d'vne protection n'eſt pas l'object & la fin de l'exemption de la juriſdiction d'vn Superieur. La protection empeſche les vexations au temporel principalement, & ne ſouſtrait point de la juriſdiction du Superieur.

5. L'exorde du Priuilege détruit l'exemption de la juriſdiction d'vn Superieur, principalement quand l'inferieur n'eſt pas mal traité du Superieur. *Religioſis deſideriis dignum eſt facilem præbere conſenſum, vt fidelis deuotio celerem ſortiatur effectum.* Ce n'eſt pas vn honneſte & ſaint deſir à vn Abbé de vouloir ſe ſouſtraire de la juriſdiction de ſon Eueſque, à laquelle il eſt ſoûmis de droit diuin & humain, principalement quand il n'eſt pas mal traité par ſon Eueſque Dioceſain, & il ne paroiſt pas, que l'Abbé de Saint Germain euſt eſté mal traité par l'Eueſque de Paris. Le Priuilege ancien de Lerins dit, *Hoc & rationis & religionis plenum eſt, vt Clerici ad ordinationem Epiſcopi debitâ ſubjectione reſpiciant:* & il s'agit d'vn Abbé, qui joignoit le Monachiſme à la Clericature, qui ſont deux titres de ſujettion Hierarchique dans les Canons IV. & VIII. du Concile de Calchedoine. Saint Bernard dit en l'epiſtre 42. à Henry Archeueſque de Sens: *Certus ſum ego Monachus, & Monachorum qualiſcumque Abbas, ſi mei quandoque Pontificis à propriis ceruicibus jugum excutere tentauero, quòd Satanæ mox tyrannidi meipſum ſubjicio.* & dans le liure 3. de la Conſideration au Pape Eugene III. chap. 4. *Nolo autem prætendas mihi fructum emancipationis iſtius. Nullus eſt enim, niſi quòd Monachi diſſolutiores fiunt.*   F iij

Pierre de Blois dans l'Epiſtre LXVIII. à Alexandre III. *Quid eſt eximere ab Epiſcoporum juriſdictione Abbates, niſi contumaciam ac rebellionem præcipere, & armare filios in parentes?* & dans l'Epiſtre 90. à ſon propre frere qui eſtoit Abbé en Angleterre: *Si Romanus Pontifex à juriſdictione veſtri Epiſcopi vos exemit, nolite quæſo vti priuilegio, quod materiam rebellionis inducit.*

L'aſſemblée des Cardinaux & autres Prelats, que Paul III. fit faire pour chercher & trouuer le moyen de reformer l'Egliſe: *Alius abuſus magnus & minimè tolerandus quo vniuerſus populus Chriſtianus ſcandaliƵatur, eſt ex impedimentis, quæ inferuntur Epiſcopis in gubernatione ſuarum ouium, maximè in puniendis ſceleſtis & corrigendis. Nam primò multis viis eximunt ſe mali homines, præſertim Clerici à juriſdictione ſui Ordinarij: deinde ſi non ſint exempti confugiunt ſtatim ad pœnitentiariam, vel ad datariam, vbi confeſtim inueniunt viam impunitati, & quod pejus eſt, ob pecuniam præſtitam. Hoc ſcandalum, beatiſſime Pater, tantopere conturbat populum Chriſtianum, vt non queat verbis explicari.*

Le Concile de Trente dit en la ſeſſiion 24. chap. 11. *Priuilegia & exemptiones, quæ variis titulis plerumque conceduntur, hodie perturbationem in Epiſcoporum juriſdictione excitare, & exemptis occaſionem laxioris vitæ præbere dignoſcuntur.*

Le Bien-heureux François de Sales Eueſque de Genéve dans le premier liu. de ſes Epiſtres ſpirituelles, epiſtre 30. à Monſieur l'Eueſque du Belley. *Ie me réjoüis certes de vos victoires ; car quoy que l'on ſçache dire, c'eſt la plus grande gloire de Dieu, que noſtre ordre Epiſcopal ſoit reconnu pour ce qu'il eſt, que cette mouſſe des exemptions ſoit arrachée de l'arbre de l'Egliſe. on void qu'elle a fait tant de mal, ainſi que le sacré Concile de Trente a fort bien remarqué.*

Ce n'eſt donc pas vn ſaint & religieux deſir à vn Abbé de chercher ce qui ſe trouue dans le Priuilege de Paſcal. C'eſt vne choſe contre les bonnes mœurs de l'Egliſe, il ne faut donc pas croire, que le Pape Paſcal ait donné vn priuilege de cette nature : *vt fidelis deuotio celerem ſortiatur effectum* , qui eſt vne grande illuſion faite à la veritable pieté : dautant qu'il y a beaucoup de vices entez ſur les exemptions de l'obeyſſance deuë aux Superieurs, & pas vne vertu, ſuiuant le témoignage des Saints & des Conciles. Celuy-cy qui paroiſt ſous ſon nom eſt donc ſuppoſé ou ſubreptice.

6. Cette clauſe: *ſed nec ipſis interdicere , nec excommunicare , nec ad Synodum vocare Abbatem vel Monachos , Presbyteros aut Clericos Eccleſiarum ipſius loci facultatem damus* , eſt indigne de la ſcience & de la prudence du Pape Paſcal, qui ne donne pas à l'Eueſque de Paris vn pouuoir, qu'il a de droit commun, & par ſon propre charactere. Ce ſeroit donc faire tort à ce Pape de luy attribuer ce priuilege, ſi ce n'eſt qu'on diſe qu'il eſt ſubreptice.

7. Le priuilege eſt tout-à-fait oppoſé à la doctrine & à la conduite du Pape Paſcal II. comme il ſe recueille de pluſieurs de ſes Epiſtres & reſcrits.

En l'Epiſtre 6. à vn Archeueſque de Pologne. *Nonne malum contra ſacrorum Canonum ſtatuta prorumpere ? quàm multi hoc etiam poſt ſacramentum praſumpſerint ?* Le Pape Paſcal n'euſt pas donné de gayeté de cœur vn exemple de faire ce qu'il blaſmoit ſi juſtement & ſi fortement dans les autres.

En l'epiſtre 8. au Clergé, & au peuple de Bamberg,

Quanto affectionis studio Babembergensis Ecclesia ab ipso suæ in-
stitutionis primordio Sedi Apostolicæ constringatur, etsi lateret,
literarum vestrarum significatio manifestat quòd affectionis de-
bitum venerabilis frater Otto vestræ Ecclesiæ electus constanter
tenuisse ac tenere cognoscitur, cùm per tot & tanta pericula ad
Apostolicæ Sedis visitationem percurrat. Nos igitur eum debi-
tæ benignitatis affectione suscepimus, & juxta vestræ dilectio-
nis desiderium nostris tamquam beati Petri manibus SALVO
METROPOLITANI IVRE *, vobis per Dei gratiam*
Præsulem ordinauimus. Paſcal ne veut rien faire contre les
Canons, ni prejudicier à l'Archeueſque de Mayence
Metropolitain de l'Eueſque de Bamberg, quoy que
Henry I. Empereur en fondant l'Eueſché de Bamberg,
l'euſt mis ſous la protection & dépendance immediate
du Saint Siege. Que diront à cela les Moines de Saint
Germain?

En l'Epiſtre 20. à Bernard Eueſque d'Antioche. *Cete-*
rùm & optauimus & optamus, non scandali, sed pacis fomi-
tem fratribus ministrare, suum jus, & honorem quibuscumque
Ecclesiis conseruare. Apres cela peut-on attribuer à Paſcal
vn priuilege, qui deſtruit le droit & l'honneur, qui eſt
deu à l'Eueſque, & à l'Egliſe de Paris?

En l'epiſtre 29. à Baſile Roy de Ieruſalem. *Vnaquæque*
prouincia justitiæ suæ limitibus perfruatur. NEC ENIM POS-
SVMVS MANIFESTE SANCTIS PATRVM NOSTRO-
RVM CONSTITVTIONIBVS OBVIARE. *Nec enim*
volumus, aut pro Principum potentia Ecclesiasticam minui di-
gnitatem, aut pro Ecclesiastica dignitate Principum potentiam
mutilari, ne apud nos occasione alterutra pax turbetur Ecclesiæ.
Paſcal proteſte qu'il ne peut pas faire ce que les Moi-

nes

nes de Saint Germain des Prez veulent qu’il ait fait: &
de plus il proteste, qu’il ne veut point que l’autorité de
l’Eglise soit diminuée pour la consideration des Princes
du monde: comment voudroit-il donc diminuer cette
mesme autorité pour la consideration de l’Abbé d’vn
Monastere ? ces precedentes Epistres se trouuent dans
les tomes des Conciles.

En l’Epistre à Daimbert Archeuesque de Sens. *Venit
ad nos cum tuo seu Suffraganeorum tuorum testimonio Parisiensis Ecclesiæ electus per nuncios, & per litteras ejusdem Ecclesiæ preces afferens, vt à nobis Dei gratia deberet in Episcopum consecrari. Nos personæ grauitatem videntes, morum ma-
turitatem attendentes, infirmitati diutinæ compatientes Ecclesiæ preces duximus audiendas.* SALVO IGITVR IN OM-
NIBVS SENONENSIS ECCLESIÆ IVRE, ET
PERSONÆ TVÆ REVERENTIA, *eum nostris tam-
quam beati Petri manibus largiente Domino consecrauimus.* Se
peut-il voir chose aucune plus contraire au priuilege attribué à Pascal, que le soin, que ce Pape prend de conseruer le droit de l’Eglise de Sens, & l’honneur, qui est
deu à son Archeuesque, nonobstant les Lettres Dimissoires, tant de l’Archeuesque de Sens, que de l’Eglise
d e Paris?

En vne autre Lettre au mesme Daimbert. NON
ENIM VOLVMVS, VT PRIVILEGIORVM OBTEN-
TV ECCLESIA QVÆLIBET PRÆIVDICIVM
PATIATVR. Il faut que ces deux Lettres à Daimbert
qui sont rapportées dans le 3. Spicilegium de Dom Luc
d’Acheri Moine Benedictin soient fausses, ou que le priuilege, dont est question, soit supposé. Il est moralement

impoſſible, que jamais Paſcal l'ait donné en l'eſtat qu'il eſt. Le Pape Paſcal meſme le confirme dans vne Lettre, qu'il eſcrit à l'Abbé, & aux Moines de Saint Denis : *Ex confratris, dit-il, noſtri Galonis Pariſienſis Epiſcopi relatione comperimus, quia vos præter ipſius licentiam pro ſacri olei, & chriſmatis acceptione, ac pro Monachorum, ſeu Clericorum ordinationibus quoſlibet Epiſcopos adeatis, vel pro eorumdem ſacramentorum celebratione ad veſtrum Monaſterium conuocetis, & quòd Laicis pœnitentias criminum injungatis. quæ profeſtò ſacris Canonibus valde ſunt contraria :* ET QVIDEM PRIVILEGIA PRO PRAVIS ET MALIS COLLATA SVNT, ET AD ÆDIFICATIONEM, ET NON AD CANONVM DESTRVCTIONEM ALICVI CONFERVNTVR. *Cùm itaque prædiſtus frater Galo Epiſcopus veſter Dei gratia bonus & Catholicus habeatur, & prædiſta ſacramenta gratis, & ſine prauitate indulgeat, vⁱs præter ipſius licentiam pro iiſdem ſacramentis ſuſcipiendis alios adire Antiſtites prohibemus, & Archiepiſcopis, & Epiſcopis omnibus ne vobis exhibeant, interdicimus.*

On recueille deux choſes de cette Lettre. La premiere, que Paſcal n'a point donné le priuilege que les Moines de Saint Germain luy attribuent dans leur Compulſoire, & dans les Antiquitez de Paris, qui ont eſté ramaſſées par le Pere Iacques du Brueil Moine de Saint Germain, & dans le Memoire juſtificatif de la juriſdiction ſpirituelle du Monaſtere de Saint Germain, que les Moines du meſme Monaſtere ont baillé à Monſieur l'Archeueſque de Paris, il y a quatre à cinq mois. La ſeconde, que les priuileges ſont donnez PRO PRAVIS ET MALIS, AD ÆDIFICATIONEM, ET NON AD CA-

NONVM DESTRVCTIONEM. Preuue inuincible de
fauſſeté.

Le Pape comme executeur general des Canons permet quelquefois à des Clercs & à des Moines de prendre l'ordination, & les ſaintes huiles, & le chreſme d'vn
autre Eueſque, que du Dioceſain, quand celuy-cy en
veut prendre de l'argent, parce que c'eſt vne ſimonie
defenduë par les Canons, & par l'Eſcriture. Mais quand
l'Eueſque Dioceſain n'en veut point prendre d'argent,
il n'y a plus de priuilege, les Clercs & les Moines demeurent dans l'obligation de ſe faire ordonner par
leur Eueſque Dioceſain, & d'en prendre les ſaintes huiles & le chreſme. Enfin le Pape execute les Canons en
l'vne & l'autre maniere, & ces deux manieres, quoy
qu'elles ſemblent oppoſées, vont *ad ædificationem, & non
ad Canonum deſtructionem.* Au reſte quand Paſcal appelle
icy Galo Eueſque bon & Catholique, c'eſt entre autres
choſes par oppoſition à Eueſque Simoniaque, que les
Papes ſemblables à Paſcal appellent Heretique. Il n'y a
rien de plus commun dans les écrits de Gregoire le
Grand, & autres Papes, que *Simoniaca hæreſis.*

8. Le Moine continuateur d'Aimoin confirme cette
fauſſeté, quand il écrit au Chapitre 51. ce qui ſuit: *Anno
Dominicæ Incarnationis* M. C. VIII. *Raynaldus Monaſterij ſancti Germani Abbas præ ſimplicitate Abbatiam dimiſit, loco ejus Guillermus eſt ſubſtitutus, qui duobus annis Monaſterium rexit, ſed prauo conſilio deceptus ad Epiſcopum Pariſienſem
pergens, & ei profeſſionem faciens, benedictionem ab eo accepit. Quod audientes præfati Monaſterij fratres timentes, ne per
hoc Eccleſiæ minueretur libertas, reuertentem à profeſſione no-*

lucrunt recipere , fed clausis januis validè resistentes **cum ab** *Abbatiæ dignitate penitùs remouerunt , prædictùmque Raynaldum reuocantes eum iterum sibi præfecerunt Abbatem.* N'estoit-ce pas icy le lieu , où ce Moine Historien , qui prend tant d'interest à l'affaire , deuoit accuser l'Abbé Guillaume d'auoir negligé le priuilege , qui auoit esté donné aux Abbez de Saint Germain l'année precedente ? Ne deuoit-il pas faire vne honorable mention du Pape Pascal , s'il estoit vray qu'il eust donné le priuilege , dont est question? Ne deuoit-il pas nommer l'Abbé Raynaldus ou Ramoldus, qui auoit receu le priuilege ? De plus est-il croyable que l'Abbé Guillaume fust allé chercher l'E-uesque de Paris pour luy faire vne solemnelle profession de respect & d'obeyssance , & pour receuoir de luy la benediction , s'il eust eu si recemment vn priuilege qui l'en dispensast ?

9. La derniere clause contient vne erreur intolerable, qu'il ne faut pas attribuer au Pape Pascal. Cette clause est, *si qua igitur in futurum*, par laquelle on priue toute personne Ecclesiastique & seculiere de ses dignitez, charges & honneurs , & puis on l'excommunie , si elle contreuient à ce priuilege, & qu'apres trois monitions, elle ne cesse pas d'y contreuenir, en disant , & soustenant que ce seroit vne chose plus Canonique, si l'Abbé de Saint Germain se faisoit consacrer par l'Euesque de Paris, que par vn autre Euesque. C'est icy vne erreur pire que celle des Stoïciens, qui croyans tous les pechez égaux les punissoient également ; mais icy on puniroit vne chose, qui ne seroit point peché , qui seroit loüable & meritoire, des deux plus grandes peines , qui

ſoient au monde, ſi on excepte de la temporelle la perte
de la vie. Qui voudroit donc attribuer au Pape vne erreur & vne hereſie ſi effroyable ? Les Moines ne ſe ſoucient pas que le Pape enſeigne des abſurditez & des
erreurs, pourueu qu'ils ſoient exemptez de la juriſdiction
de leur Eueſque.

10. Cette derniere clauſe fournit vn ſujet d'appel comme d'abus en France, où l'on ne reconnoiſt point que
le Pape puiſſe priuer les perſonnes ſeculieres de leurs dignitez, charges & honneurs : & il ne ſeruiroit rien de dire, que ce n'eſt qu'vne menace, dautant que la clauſe contient trois monitions , qui ſont ſuiuies d'vne ſentence
priuatiue de dignitez, de charges & d'honneurs. Au
ſurplus c'eſt vn mauuais retranchement de dire , que
ce n'eſt qu'vne menace , parce que celuy , qui menace, ne menace jamais que d'vne peine qu'il croit pouuoir infliger. Qui eſt le Iuge ſeculier qui a jamais menacé
de priuer quelqu'vn de la participation des Sacremens de
l'Egliſe ? On ſçait qu'il y en a qui diſent, mais ſans aucune
raiſon, que ce n'eſt qu'vne imprecation. Il eſt donc permis ſelon leur ſentiment, de demander à Dieu qu'il faſſe
perdre les dignitez, charges & honneurs à tous ceux qui
ſont du Priué Conſeil du Roy, & qu'il les priue de toutes
les graces neceſſaires à ſalut, en cas qu'ils ordonnent, que
les Moines de Saint Germain demeureront ſoûmis à la
conduite & juriſdiction ſpirituelle de l'Eueſque de Paris,
ſelon la deciſion des Conciles generaux & des Conciles
nationaux de l'Egliſe Gallicane, & des Decrets du ſaint
Siege, *quæ ſunt*, dit Saint Leon Pape, *de Eccleſiaſticis ordini-*
bus & Canonum promulgata diſciplinis. Qui peut entendre cela ſans horreur?   G iij

11. Vne marque euidente de faussceté dans ce Priuilege, est que le Pape Pascal souscrit, *Ego Pascalis Catholicæ Ecclesiæ Episcopus*, & cette souscription n'est point suiuie de la souscription de plusieurs Cardinaux, qui ne manquent jamais de souscrire à vn Priuilege où le Pape souscrit en cette maniere : *Ego N. Catholicæ Ecclesiæ Episcopus.*

12. Vne autre marque visible de faussceté est dans la datte, où il y a, *Pascalis secundi Papæ*, au lieu de mettre *Pascalis Papæ secundi.* Dans les plombs & signatures des Papes le quantiesme suit le mot de Pape, & ne precede jamais. C'est le stile de la Cour de Rome, où l'on eust mis *Pascalis Papæ secundi*, comme il est dans la signature ronde, & non pas *Pascalis secundi Papæ.* On ne verra jamais dans les plombs & les signatures d'Vrbain VIII. *Vrbanus VIII. Papa*, mais *Vrbanus Papa VIII.* & ainsi des autres ; cela est indubitable.

CINQ CHOSES NECESSAIRES
à remarquer, tant pour la decision du procés, que pour la connoissance, que les Iuges doiuent auoir du procedé sincere des Moines, tant vieux que nouueaux, de Saint Germain des Prez.

AVPARAVANT que de passer plus outre à l'examen des autres pieces, il est necessaire de remarquer icy cinq choses.

La premiere est, que le Pere Iacques du Brueil Moine de Saint Germain, fait vn estat des Priuileges de son Monastere dans les Antiquitez de Paris, qu'il publia l'an 1612. Voicy donc ce qu'il en dit au liure 2. chap. de la fondation de l'Abbaye de Saint Germain.

Le Pape Pafcal deuxiefme de ce nom eſt le premier, qui a confirmé le precedent Priuilege de Saint Germain, en l'an de l'Incarnation 1107. & de ſon Pontificat ſeptiefme. Lequel pluſieurs autres Papes ont ſuiui : comme

Calliſte I I. en l'an 1122. & de ſon Pontificat le 3.

Innocent I I. en l'an 1130. & de ſon Pontificat le 1.

Lucius I I. en l'an 1144. & de ſon Pontificat le 1.

Eugene I I I. en l'an 1145. & de ſon Pontificat le 1.

Anaſtaſe IV. en l'an 1153. & de ſon Pontificat le 1.

Adrian IV. en l'an 1158. & de ſon Pontificat le cinquiefme.
Où il adjouſte : Epiſcopus vel Clerus Eccleſiæ Pariſienſis non habeant poteſtatem ibi aliquid imperandi. Sed nec diuina ipſis officia interdicere, nec excommunicare, nec ad Synodum vocare Abbatem aut Monachos, Presbyteros, aut Clericos Eccleſiarum ipſius loci facultatem damus.

Et pour les Curez, qui ſont en la preſentation de Saint Germain, il s'enſuit : Adjicimus etiam vt in Parochialibus Eccleſiis quas extra Burgum beati Germani tenetis, Presbyteri per vos eligantur, & Epiſcopo præſententur. Quibus ſi idonei fuerint, Epiſcopus animarum curam committat, vt ei de plebis quidem cura, pro rebus verò temporalibus ad Monaſterium pertinentibus vobis reſpondeant. Quòd ſi fortè noluerint, ſubtrahendi eis temporalia, quæ à vobis tenent, liberam habeatis auctoritate Apoſtolica facultatem.

Tous leſquels Priuileges le Pape Alexandre troiſiefme a confirmé par cinq Bulles données en diuers lieux & temps, deſquelles l'vne octroyée à Anagne en l'an 1177. & de ſon Pontificat le 18. contient toutes les Cures, qui ſont en la preſentation de l'Abbé de Saint Germain des Prez.

La ſeconde eſt vn eſtat des pieces que les anciens Moines ont compulſées l'an 1618. pour ſeruir au procés qu'ils auoient alors contre l'Eueſque de Paris. Voicy donc les pieces qui furent compulſées.

Le Priuilege de Saint Germain auec le Vidimus du Preuoſt de Paris en l'an 1397.

Le Priuilege du Pape Paſcal.

Vn Priuilege d'Innocent III. de l'an 1211.

Vn Priuilege d'Alexandre III. de l'an 1163.

Vne Sentence arbitrale de l'an 1210.

Vne Ratification de l'Eueſque de Paris de la Sentence arbitrale l'an 1211.

Vne Confirmation de la Sentence arbitrale par Philippe Auguſte l'an 1211.

Vne Bulle d'Honoré III. confirmatiue de la Sentence arbitrale de l'an 1216.

Vne Confirmation de la Sentence arbitrale par Saint Louïs l'an 1270.

Vne Bulle de Leon X. confirmatiue des Priuileges, & particulierement de la Sentence arbitrale.

La troiſiéme eſt vn eſcrit que les Religieux nouueaux de Saint Germain donnerent il y a quatre à cinq mois à Monſieur l'Archeueſque de Paris. Voicy l'eſcrit.

Ce qui juſtifie la Iuriſdiction ſpirituelle Epiſcopale de l'Abbaye & territoire de Saint Germain des Prez, c'eſt

Primò le Priuilege & le titre donné par Saint Germain Fondateur.

2. Les Bulles des Saints Peres confirmatiues du meſme Priuilege, données par les Papes Paſcal II. Calixte II. Innocent II.

Lucius

Lucius II. Eugene III. Adrian IV. Alexandre III. Vrbain III. Celeſtin III. Innocent III. Honoré III. & Leon X. tous leſquels font mention du Priuilege de S. Germain, & declarent que ladite Abbaye & ſon territoire ſont immediatement ſubjets à l'Egliſe Romaine, que l'Eueſque de Paris n'a aucun pouuoir ni juriſdiction dans l'Abbaye ni dans ſon territoire, & ils commandent & obligent les Eueſques qui ſeront requis par l'Abbé & Religieux de leur donner les Huiles, le Chreſme, les Benedictions, Conſecrations, les Ordres, & tout ce qu'ils auront beſoin du miniſtere Epiſcopal.

Les meſmes Religieux ou autres ont donné preſque au meſme temps à Monſieur de Paris, vn autre eſcrit qui porte pour titre, *Memoire inſtructif, pour juſtifier que l'Abbaye de Saint Germain a toute iuriſdiction ſpirituelle & Epiſcopale dans l'eſtenduë de ſon territoire.*

1. *Ladite Abbaye eſt en poſſeſſion de ladite Iuriſdiction ſpirituelle depuis ſa fondation, il y a plus d'onze cens ans.*

2. *Les Bulles des Papes Calixte II. Innocent II. Luce II. Adrien IV. Alexandre III. Vrbain III. Celeſtin III. Innocent III. Honoré III. Leon X. & pluſieurs autres declarent, que ladite Abbaye & ſon territoire ſont immediatement ſubjets à l'Egliſe Romaine,* & le reſte comme deſſus.

La quatriéme eſt l'Inuentaire de la production, que les meſmes Religieux nouueaux ont fait au mois de Ianuier dernier, & mis entre les mains de Monſieur le Chancelier de France.

Inuentaire des titres & pieces dont Monſieur le Duc de Verneuil Abbé de Saint Germain des Prez, & les Religieux, Prieur & Conuent de ladite Abbaye pretendent ſe ſeruir pour l'eſtabliſſement & maintien de leur juriſdiction comme Epiſcopale dans le

H

territoire dudit Saint Germain, pardeuant des Iuges non suspects où il plaira à sa Majesté les renuoyer.

Premierement vne Sentence arbitrale renduë entre l'Euesque, Chapitre de Paris, & le Curé de saint Seuerin d'vne-part, & l'Abbé & les Religieux de Saint Germain des Prez d'autre : par laquelle le territoire & jurisdiction spirituelle de ladite Abbaye est borné & separé de celuy de l'Euesque & Chapitre de Paris, en datte du mois de Ianuier 1210.

Ensuiuent plusieurs Actes faits depuis l'an 1210. dont il y en a quelques-vns dans le Compulsoire.

La cinquiéme consiste en certaines reflexious, qu'il conuient de faire sur tout ce que dessus.

1. Le Pere du Brueil dit que le Pape Pascal II. est le premier qui parle du Priuilege de Saint Germain, & il a raison, & ses Confreres ne le conuaincront jamais de faux en ce rencontre ; & il leur sera plus aisé de conuaincre la fausseté du Priuilege, que de destruire l'epocque du Priuilege de Saint Germain, en supposant que le priuilege de Pascal est veritable, comme le Pere du Brueil le suppose.

2. Les Moines qui disent dans leur memoire justificatif, & dans leur memoire instructif, qu'ils sont en possession de la jurisdiction spirituelle Episcopale depuis onze cens ans, ne s'accordent pas auec le Pere du Brueil, & se trompent ; n'estant pas possible, qu'vne si longue possession fust sans quelque ancienne preuue, comme d'vn acte de non prejudice que le Clergé de Paris auroit donné à l'Abbé & aux Moines, lorsqu'il alla enterrer le corps de Saint Germain dans l'Eglise du Monastere, ou bien de quelques autres semblables, que les Euesques auroient donné de temps en temps. Enfin le premier acte de non

prejudice baillé par l'Euefque Diocefain, pour conferuer
vne poffeffion d'onze cens ans & plus, s'eft fait l'an 1413.
dans l'Inuentaire mis entre les mains de M^r le Chance_
lier. Voilà vne poffeffion d'onze cens ans auffi mal jufti-
fiée qu'on puiffe fouhaitter. Mais il pourroit arriuer qu'ils
ne fe tromperoient pas, s'ils comptoient les onze cens ans
de poffeffion depuis le Pape Pafcal, qui eft mort l'an 1118.

3. On ne peut excufer ces Moines là d'vn infigne men-
fonge, quand ils difent, que tous les Papes par eux nommez ont deçlaré, que l'Abbaye & le territoire de Saint
Germain font immediatement fubjets à l'Eglife Romaine. Le Pape Pafcal, qui eft le premier nommé, & celuy
dont le Priuilege eft imprimé, ne dit nullement, que
l'Abbaye & le territoire de Saint Germain font immediatement fubjets à l'Eglife Romaine, quand mefme on
tomberoit d'accord, qu'il fuft veritable.

4. Les Moines qui ont fait l'Inuentaire de la production
mife auec de grandes precautions és mains de Monfieur
le Chancelier, abandonnent le Priuilege de Saint Germain, & tous les priuileges des Papes mentionnez tant par
le Pere du Brueil, que par les bons Peres qui ont dreffé le
memoire juftificatif, & le memoire inftructif. L'vn & l'autre memoire eft rapporté dans la troifiéme remarque.
Cette reforme en matiere de priuilege n'eft pas moins au-
ftere, que celle de la Congregation de S. Maur, en matiere
de Cloiftre, de Refectoire, & de Dortoir; car voilà vn
grand nombre de fuperfluitez retranchez tout d'vn coup;
& de plus voilà vne grande contrarieté entre des gens d'vn
mefme party, & qui doit feruir à la decifion de la caufe.

5. Les Moines qui ont fait le memoire inftructif rap_

porté dans la troisiéme remarque, abandonnent le priuilege du Pape Pascal , sur lequel le Pere du Brueil appuyoit le Priuilege de Saint Germain. Bon Dieu, quelle perte! tout dépend de ce faux Priuilege là. Et rien n'en dépendroit, quand il seroit veritable, comme il paroist dans l'examen general de ce Priuilege.

6. Dans le memoire justificatif & dans le memoire instructif, la jurisdiction spirituelle de l'Abbaye de Saint Germain est Episcopale ; mais dans l'inuentaire la jurisdiction spirituelle de l'Abbaye de Saint Germain est quasi Episcopale. Et ainsi cette jurisdiction va en diminuant dans fort peu de jours: & si le temps dure, elle pourroit bien deuenir à rien , comme elle y deuiendra si on ne produit pas de meilleurs titres, que des actes subreptices, où les Moines ont trompé les Iuges.

7. Selon ce riche & pretieux Inuentaire mis entre les mains de Monsieur le Chancelier tout seul, la possession de la jurisdiction quasi Episcopale, n'est pas d'onze cens ans, comme disoient d'autres Moines dans leur memoire justificatif, ou les mesmes rauisez; ou bien il faut compter ces onze cens ans depuis l'an 1210. que la Sentence arbitrale fut renduë, la premiere piece de l'Inuentaire, ou pluistost depuis l'an 1290. auquel il a esté fait le plus ancien de tous les actes cotez dans l'Inuentaire, mais fait auec vn autre Euesque que celuy de Paris.

8. Puisqu'on abandonne dans cét Inuentaire le Priuilege de Saint Germain, & tous les priuileges donnez par les Papes deuant & apres la Sentence arbitrale, à la reserue de la Bulle d'Honoré III. confirmatiue de cette Sentence, il faut necessairement, que tous ces Priuileges

ſoient ou viſiblement faux, ou viſiblement fauorables à
l'autorité de l'Eueſque de Paris, ou qu'ils contiennent viſiblement des clauſes contraires aux droits du Roy & de
l'Eſtat, & aux libertez de l'Egliſe Gallicane. Ce raiſon-
nement eſt ſans reſponſe, parce qu'on ſçait que les Moines ne manqueroient jamais de les produire dans leur
procés, s'ils n'eſtoient ou manifeſtement faux, ou manifeſtement fauorables à l'autorité de l'Eueſque de Paris,
ou manifeſtement oppoſez aux droits du Roy & de l'E-
ſtat, & aux libertez de l'Egliſe Gallicane. Cela eſt de-
monſtratif.

Mais pour le conuaincre encore dauantage, il faut faire
voir, que les Papes ſucceſſeurs de Paſcal II. cy-deſſus
nommez ſont dans des ſentimens tout contraires à celuy, que les Moines leur attribuent dans leur memoire
juſtificatif, & dans leur memoire inſtructif.

1. Calixte II. n'ordonne-t-il pas dans le Concile de Latran, que les Abbez, & les Moines prendront les ſaintes
Huiles, le Chreſme & les ordres de l'Eueſque Dioceſain ?
Ne leur defend-il pas de chanter de grandes Meſſes,
& de faire les fonctions de Curé ? N'ordonne-t-il pas,
que les Eueſques pouruoiront aux Cures, & que les
Curez leur répondront de la conduite de leurs Parroiſ-
ſiens ? Le Canon 17. porte: *Interdicimus Abbatibus & Mo-*
nachis publicas pœnitentias dare, & infirmos viſitare, & vn-
ctiones dare, & Miſſas publicas cantare. Chriſma & oleum,
conſecrationes altarium, ordinationes Clericorum ab Epiſcopis
accipiant, in quorum Parochiis manent. & le Canon 18. dit:
In Parochialibus Eccleſiis Preſbyteri per Epiſcopos conſtituan-
tur, qui eis reſpondeant de cura animarum, & de iis, quæ ad

Episcopum pertinent. Ce Pape aura-t-il deſtruit luy ſeul en faueur des Moines de Saint Germain, ce qu'il a eſtably en plein Concile ? Et l'aura-t-il fait la meſme année de la celebration du Concile, à ſçauoir l'an 1122 ?

2. Innocent II. aura-t-il changé en faueur des Moines de Saint Germain la ſainte diſcipline, qu'il preſcrit l'an 1138. dans vn priuilege accordé à Hugues Abbé de Premonſtré ; où il commande à cét Abbé, & à ſes Succeſſeurs de prendre les Ordres, les Sacremens de l'Egliſe de l'Eueſque de Laon Dioceſain, en cas qu'il les veuille donner gratuitement. *Porrò*, dit-il, *ordinationes Canonicorum, vel conſecrationes altarium, vel baſilicarum, ſeu reliqua Eccleſiaſtica ſacramenta à Laudunenſi ſuſcipietis Epiſcopo, ſiquidem Catholicus fuerit, & gratiam atque communionem Apoſtolicæ Sedis habuerit, alioquin Catholicum quemcumque malueritis, adeatis antiſtitem, qui noſtrâ fultus auctoritate, quod poſtulatur indulgeat.*

3. Luce II. n'eſcrit-il pas à l'Eueſque de Fiezoli, qu'il veut conſeruer la juſtice aux Egliſes, que Dieu a commiſes aux Eueſques. & leur conſerueroit-il la juſtice, s'il venoit à ſouſtraire les Moines ou les Clercs de leur juriſdiction ? *In eminenti*, dit-il, *Sedis Apoſtolicæ ſpecula diſponente Domino conſtituti, ex injuncto nobis officio fratres noſtros Epiſcopos debemus diligere, & Eccleſiis ſibi à Deo commiſſis ſuam juſtitiam conſeruare.* Le Pape ſe contredira-t il luy-meſme, & violera-t-il vne diſpoſition toute diuine, pour mettre la bride ſur le col aux Moines de Saint Germain ? dérogera-t-il pour cét effet au Concile general de Latran fait par ſon predeceſſeur le Pape Calixte, & au Concile de Calchedoine ?

4. Eugene III. offensera-t-il de gayeté de cœur Dieu, & l'Eglise, pour obliger les Moines de Saint Germain ? Ouy certes, si ce qu'ils luy attribuent estoit veritable. Voicy ce qu'il écrit aux Euesques d'Allemagne. *Contra Deum, & sacrorum Canonum sanctiones nulli omnino petitioni possumus præbere consensum :* parce qu'il auoit trouué qu'il n'y auoit ni necessité ni vtilité de leur accorder ce qu'ils demandoient. Dans le priuilege que ce Pape a donné *Monasterio Reicherspergensi,* il y a vne clause toute contrai-re aux pretentions des Moines de Saint Germain : *Ecclesiastica Sacramenta à Diocesano* (Patauiensi) *suscipietis Episcopo, vel à Salzburgensi Archiepiscopo, siquidem gratiam & communionem Sedis Apostolicæ habuerit, & si ea gratis, & sine prauitate vobis voluerit exhibere : alioqui liceat vobis pro eorumdem Sacramentorum perceptione Catholicum quem malueritis adire Antistitem, qui nostra fultus auctoritate, quæ postulatis indulgeat.* Eugene rend auparauant raison, pourquoy il a donné la liberté de prendre les Sacremens de l'Euesque de Passaw, ou l'Archeuesque de Salzbourg. La voicy : *Monasterium est in Episcopatu Patauiensi, & fundo Salzburgensis Ecclesiæ situm.*

5. Anastase IV. changera-t-il pour l'amour des Moines de Saint Germain de Paris, la conduite qu'il a euë à l'égard des Moines de Saint Germain d'Auxerre ? La voicy dans vne Lettre qu'il écrit à Alain Euesque d'Auxerre : *Electum* (Abbatem Monasterij S. Germani) *approbandi, vel reprobandi canonicè, & si dignus fuerit in Abbatem benedicendi, tam tu quàm successores tui habeatis liberam facultatem. Benedictus autem obedientiam Episcopo Autissiodorensi promittat : depositio quoque ipsius, si talis quòd apparuerit, judi-*

ciario ordine facienda, & tam Abbatis, quàm Monachorum ca-nonica correctio ad te nihilominus pertinebit : chrisma, oleum sanctum, consecrationes altarium, vel basilicarum, ordinationes Monachorum vel Clericorum, qui ad sacros ordines fuerint pro-mouendi, Abbas & Monachi sancti Germani ab Autissiodoren-si Episcopo tanquam à Diocesano accipiant, donec gratiam Sedis Apostolicæ habuerit. Dans le second tome de la Gaule Chrestienne. Le Pape confirmera-t-il le droit commun pour Auxerre, '& l'infirmera-t-il pour Paris?

6. Hadrien IV. renuersera-t-il la tradition du S. Sie-ge pour la consideration des Moines de Saint Germain? Non, il n'en fera rien. Voicy comme il en escrit dans vn Priuilege qu'il donne l'an 1154. aux Abbez de l'Ordre de Premonstré: *Porro ordinationes Canonicorum, consecrationes basilicarum & cetera Sacramenta Ecclesiastica ab ipsis Episcopis, in quorum Diœcesi Ecclesiæ vestræ sitæ fuerint, accipietis, si qui-dem Catholici fuerint, & gratiam Apostolicæ Sedis habuerint: alioquin Catholicum quemcumque malueritis, adeatis Antistitem, qui nostra fultus auctoritate, quod postulatur, indulgeat.* Dans la Bibliotheque de Premonstré.

7. Alexandre III. se contredira-t-il luy-mesme pour faire ce que les Moines de S. Germain veulent qu'il ait fait? Non, il n'en fera rien. Voicy comme il escrit l'an 1162. à Estienne Euesque de Meaux : *Suscepti regiminis cura nos admonet, ita disponente Domino, erga singulos attentam sollicitu-dinem atque vigilantiam adhibere, vt in Ecclesiasticis dispositio-nibus nulla confusio inducatur, sed potiùs vnicuique suum jus & propria dignitas conseruetur,* dans le Cartulaire de l'Eglise de Meaux. Ce Pape dit que sa charge l'oblige d'empescher qu'on ne mette de la confusion dans l'ordre de l'Eglise;

&

& les Moines de Saint Germian pretendent, qu'il a mis de la confusion dans l'ordre de l'Eglise, en les exemptant de l'obeïssance & de la jurisdiction de leur propre Euesque. Ce Pape dit que sa charge l'oblige de conseruer à vn chacun le droit qui luy appartient, & les Moines de Saint Germain pretendent qu'il a ruiné ce droit en les détachant de la soûmission deuë à l'Euesque de Paris. Mais ce Pape confond les Moines dans vn priuilege accordé l'an 1177. à tout l'Ordre de Premonstré: *Verùm*, dit-il, *cùm aliqua Ecclesiarum vestrarum Abbate proprio fuerit destituta, sub Patris-Abbatis potestate ac dispositione consistat, & cum ejusdem consilio, qui eligendus fuerit à fratribus, eligatur. Electus autem non quasi absolutus à potestate Patris-Abbatis, vel Ordinis sui, Archiepiscopo vel Episcopo, in cujus Diœcesi fuerit, præsentetur, plenitudinem officij ab eo percepturus, ita tamen quòd post factam Archiepiscopo vel Episcopo professionem occasione illa non transgrediatur constitutiones Ordinis sui, nec in aliquo ejus præuaricator existat.* Que peuuent répondre les Moines de Saint Germain au Pape Alexandre I I I. qui confirme le droit commun, c'est à dire le droit Episcopal, à l'égard de tout l'Ordre de Premonstré? Diront-ils, que le Monastere de Saint Germain est plus considerable que tout vn Ordre Religieux? Diront-ils que c'est bien la moindre chose qu'il pouuoit faire pour leur Monastere, que d'en rendre les Moines indépendans de tout l'ordre Episcopal? S'ils le disent, personne ne les écoutera, & tout le monde les blasmera de faire vne telle injure au Pape Alexandre I I I.

8. Le Pere du Brueil, & les Moines auteurs du memoire justificatif, & du memoire instructif, ne mettent point

le Pape Luce III. au nombre de ceux , qui ont donné
des priuileges à leur Monaftere de Saint Germain:
mais, comme on verra cy-apres, les anciens Moines l'y
ont fait mettre par Innocent III. pour monftrer qu'il y
a fort long-temps qu'on fe mefle dans ce Monaftere -là
de furprendre la religion des Papes , des Rois, & des
Cours Souueraines de France. Le Pape Luce III. eft tout
à fait contraire aux fauffes emancipations du Monaftere de S. Germain. Ne dit-il pas dans vn priuilege donné l'an 1181. à l'Abbé & aux Moines du Mont S. Quentin,
qu'il appartient à l'Euefque Diocefain de pouruoir aux
Cures de fon Diocefe ? *In Parochialibus* , dit-il , *Ecclefiis ,
quas habetis , liceat vobis Sacerdotes eligere, & Diocefano Epifcopo præfentare , quibus fi idonei fuerint , eis curam animarum
committat , vt eis de fpiritualibus , vobis verò de temporalibus
debeant refpondere.* Dans les obferuations faites par Dom
Luc Dachery Moine de la Congregation de Saint Maur
fur les œuures de l'Abbé Guibert.

Le priuilege que ce Pape a donné l'an 1183. à l'Eglife de Saint Aignan d'Orleans, eft encore plus exprés &
plus eftendu : *Chrifma verò , oleum fanctum , confecrationes altarium , feu bafilicarum , ordinationes Canonicorum feu Clericorum
veftrorum , qui ad facros ordines fuerint promouendi , à Diœcefano
fufcipietis Epifcopo , fiquidem Catholicus fuerit , & gratiam
Apoftolicæ Sedis habuerit , & ea gratis , & abfque pecunia , vel
exactione aliqua vobis voluerit exhibere , alioquin ad quemcumque malueritis Antiftitem recurratis , qui noftrâ fultus auctoritate , quod poftulatur indulgeat.* N'eft-ce pas encore au mefme temps que ce Pape donne à l'Ordre de Premonftré
vn priuilege , dans lequel on lit ce qui fuit : *Verùm cùm*

aliqua Ecclesiarum vestrarum Abbate proprio fuerit destituta, sub Patris-Abbatis potestate, ac dispositione consistat, & cum ejusdem consilio, qui eligendus fuerit, eligatur. Electus autem, non quasi absolutus à potestate Patris-Abbatis, vel Ordinis sui, Archiepiscopo vel Episcopo, in cujus Diœcesi fuerit, præsentetur, plenitudinem officij ab eo percepturus : ita tamen quòd post factam Archiepiscopo vel Episcopo professionem occasione illa non transgrediatur constitutiones Ordinis sui, nec in aliquo ejus præuaricator existat. Il faut que ce Pape destruise tout ce qu'il establit icy, pour bastir les grandeurs chimeriques des Moines de Saint Germain.

9. Les Moines qui ont dressé le memoire justificatif, & le memoire instructif, ont mis le Pape Vrbain III. au nombre de ceux qu'ils pretendent auoir emancipé le Monastere de Saint Germain : mais ils se trompent fort : ils n e connoissent point l'esprit de ce Pape icy, qui escrit à Guillaume Roy d'Escosse, que sa charge l'oblige de rectifier tout ce qui se trouue mal fait dans l'Eglise : *Cùm ex injuncto,* dit-il, *nobis à Deo administrationis officio ad vniuersas Ecclesias aciem nostræ teneamur considerationis extendere, & si qua in eis, vel ministris earum irrationabiliter attentata nouerimus, ad factum congruum reuocare.* De sorte que si ce Pape eust trouué dans le Monastere de Saint Germain des priuileges contraires aux Saints Canons, il les eust abrogez ; tant s'en faut qu'il les eust confirmez. Mais il decide la question au titre *de Capellis Monachorum* chap. premier. *In Ecclesiis, vbi Monachi habitant, populus per Monachum non regatur, sed Capellanus, qui populum regat, ab Episcopo per consilium Monachorum instituatur, ita vt ex solius Episcopi arbitrio tam ordinatio ejus, quàm depositio, &*

totius vitæ pendeat conuerſatio. Peut-on reſiſter à cette deciſion, pour eſtablir vn Grand Vicaire, & vn Official?

10. Les Moines , qui ont compoſé le memoire juſtificatif, & le memoire inſtructif, ont mis le Pape Clement III. au nombre de leurs pretendus bien-faicteurs; mais ils ſe ſont trompez lourdement. Car ce Pape quand il donne des priuileges, il ſe ſert d'vne precaution, & d'vne maxime, ſuiuant laquelle on ne donnera jamais de priuileges contraires aux Canons, ſi ce n'eſt par vne tres-grande ſurpriſe. Voicy ſa precaution, & ſa maxime dans vn priuilege de l'an 1188. pour l'Ordre de Premonſtré. *In Apoſtolicæ Sedis ſpecula licèt immeriti diſponente Domino conſtituti pro ſingulorum ſtatu ſolliciti eſſe compellimur, & ea ſyncerè tenemur amplecti , quæ ad incrementum religionis pertinent , & ad virtutum ſpectant ornatum.* Les exemptions de l'obeïſſance deuë aux Eueſques diminuent la pieté, & n'apportent aucune vertu, tant s'en faut qu'elles augmentent la pieté, & donnent vn nouueau luſtre aux vertus : ainſi il faut croire que ce Pape n'a pas fait ce que les Moines veulent qu'il ait fait. Au contraire Clement III. confirme puis apres ce qui a eſté rapporté cy-deſſus du priuilege du Pape Luce III. *Verùm cùm aliqua Eccleſiarum veſtrarum Abbate proprio fuerit deſtituta . &c.*

Les Moines qui ont écrit le memoire juſtificatif, & le memoire inſtructif, ont auſſi mis le Pape Celeſtin III. au rang de ceux, qui ont emancipé le Monaſtere de la juriſdiction de l'Eueſque de Paris : mais ils ſe mécomptent à leur ordinaire, & ſelon leur intereſt. Ce Pape ſe ſert de deux maximes ſuiuant leſquelles on ruinera tous les Pri-

uileges oppofez aux Canons, tant s'en faut qu'on en puiffe donner aucun : La premiere eft dans vne Epiftre addreffée à Oger Preuoft, & aux Chanoines de Gcnes : *Effectum jufta poftulantibus indulgere & vigor æquitatis & ordo exi-
git rationis , præfertim quando petentium voluntates & pietas
adjuuat & veritas non relinquit.* Les Moines ne peuuent pas
demander comme vne chofe jufte d'eftre fouftraits de
l'obeïffance qui eft deuë de droit diuin & humain aux Superieurs, & ainfi il n'eft ni equitable ni raifonnable de
l'accorder à ceux qui le demandent. Le refte de la maxime eft vne efpece de fauuegarde contre les fubreptions
& obreptions fort frequentes en femblable matiere : La
feconde eft dans vn Priuilege accordé au Monaftere de
Saint Victor de Paris, *Iuftus petentium defideriis dignum eft nos
facilem præbere confenfum, & vota quæ à rationis tramite non dif-
cordant , effectu profequente complere.* Dans les titres MMSS.
de l'Abbaye de S. Victor. Comme le defir de s'exempter
des puiffances legitimement eftablies ne peut eftre mis
au rang des chofes bonnes, ainfi il ne peut eftre que tres
mal accompli. De plus y a-t-il vn defir plus contraire à
la raifon, que de ne vouloir pas obeïr à ceux que Dieu a
eftablis pour commander , principalement lors que le
commandement eft legitime?

Pierre de Blois qui a efté contemporain de la plufpart
des Papes fufnommez , remarque, que les Monafteres
eftoient pleins de fauffaires fort adroits. Il en donne ad-
uis au Pape Alexandre III. dans vne Lettre qu'il luy écrit
de la part de l'Archeuefque de Cantorbie : *Falfariorum,*
dit-il, *præftigiofa malitia ita in Epifcoporum contumeliam fe armauit, vt falfitas in omnium fere Monafteriorum exemptione præ-*

ualeat , niſi in deciſionibus & examinationibus faciendis judex ve-
ritatis exactor diſtrictiſſimus intercedat. Il s'agiſſoit d'vn priuilege du Monaſtere de Malmeſburi , ſemblable à ceux
du Monaſtere de Saint Germain des Prez, comme il paroiſt dans le commencement de la Lettre de Pierre de
Blois: *Monaſterium Malmiſburienſe , quod in Sariſberienſi diœ-*
ceſi ſitum eſt , nuper ſibi Abbatem elegerat. Cúmque Sariſberien-
ſis Epiſcopus appellaſſet , atque ex parte veſtra conſtanter inhi-
buiſſet electo, ne aliunde quàm à ſe munus benedictionis acciperet,
ille nihilominus occultè profectus in Vuallias ab Epiſcopo Landa-
uenſi clandeſtinam & furtiuam benedictionem adeptus ſibi Ab-
batis officium vſurpauit. Nos autem querelâ Epiſcopi , & ve-
ritate rei diligentiùs inquiſitâ, ſuſpendimus Vuallenſem Epiſco-
pum , & Abbatem , donec ad excuſationem tanti exceſſus , liber-
tatis aut dignitatis priuilegium allegarent. Partibus itaque in
noſtra præſentia conſtitutis , & Eccleſiarum priuilegiis productis in
medium nihil inuenimus , quare Malmiſburienſe monaſterium
Epiſcopo Sariſberienſi ſubeſſe non debeat , & humiliter obedire; eo
ſolo excepto, quòd Abbas quaſdam exemptionis ſuæ literas præ-
tendebat, quæ in filo & bulla videbantur vitioſæ , ſtilúmque R̨o-
manæ Curiæ minimè redolebant : ideóque & eas falſitatis Epiſco-
pus arguebat. Abbas teſtibus nitebatur aſſerere, deceſſores ſuos be-
nedictiones à quibus volebant Epiſcopis pro ſuo libitu citra pro-
feſſionis vinculum ſuſcepiſſe. Epiſcopus è contrario multas proſeſſio-
nes Abbatum Malmſburienſium exhibebat , ſibi & prædeceſſori-
bus ſuis factas , quibus ſibi Abbatis obedientiam & ſubjectionem
monaſterij vendicabat. Productis itaque & receptis Abbatis te-
ſtibus, & redactis eorum atteſtationibus in ſcripturam, quia ſe-
cundam productionem poſtulabat Abbas inſtantiùs, diem alium
præfiximus; in quo cùm rogaremus more noſtro , quæ pacis ſunt,

Episcopus & paci & judicio humiliter se offerebat. Abbas verò consilio cujusdam aduocati diffugiens ad versuti juris præstigia, nec judicio acquiescere voluit, nec verbum pacis admittere, asserens se de cetero nulli Episcopo, vel Archiepiscopo, nisi soli summo Pontifici super professione vel obedientia respondere, recedénsque contumaciter, Viles, inquit, sunt Abbates & miseri, qui potestatem Episcoporum prorsus non exterminant, cùm pro annua auri vncia plenam à Sede Romana possint assequi libertatem.

On peut icy remarquer en passant cinq choses.

La premiere, que le Pape estoit contraire à telles emancipations : *Sarisberiensis Episcopus ex parte vestra constanter inhibuisset electo, ne aliunde quàm à se munus benedictionis acciperet.*

La seconde, que cét Abbé esleu ne voulut pas obeïr au Pape.

La troisiéme, que cét Abbé diffame outrageusement le S. Siege par cette maudite proposition : *viles sunt Abbates & miseri, qui potestatem Episcoporum prorsus non exterminant, cùm pro annua auri vncia plenam à Sede Romana possint assequi libertatem.*

La quatriéme, que cét Abbé impose au S. Siege, qui n'a jamais ni en ce temps-là, ni auparauant voulu exempter aucun Monastere à perpetuité de l'obeïssance de son Euesque Diocesain. Cela se voit clairement dans l'examen particulier, tant du Priuilege de Saint Germain, que du Pape Pascal, & par la doctrine de ses Successeurs rapportée cy-dessus. Innocent III. se plaint de semblables gens au liure 1. de ses Epistres, dans celle qu'il écrit à l'Archeuesque de Reims. *Dum sæpe mandata, & institutiones interdum iniquas à Sede Apostolica emanare multi ar-*

guunt, & mirantur, & in hoc ei culpam imponunt ,in quo since-
ritas ejus culpæ prorsus ignara per innocentiam excusatur. Nos
etenim circa majora negotia frequentiùs occupati , & curam vni-
uersorum ex officio nostro gerentes , per quod sumus omnibus debi-
tores , cùm omnibus apud nos instantibus incontinenti satisfacere
non possimus , quidam eo quòd à semita justitiæ aberrantes , aut
vltrà quàm permittit honestas suæ petitionis, licentiam extenden-
tes , exaudiri non possunt, in motum propriæ voluntatis irrum-
punt , & ad sua ingenia falsitatis & artes perditionis cum animi
exquisita malitia recurrentes , per falsæ astutiam speciei cando-
rem puritatis Apostolicæ denigrare ac deprauare nituntur.

La cinquiéme est, que les Moines tant Anglois que
François viuoient pour lors en congregation sous vn
mesme General, nommé *le R. P. du mesme esprit*, pour se
décharger de l'authorité Episcopale, & pour l'extermi-
ner de leurs Monasteres & de leur territoire. Quelle difference y a-t-il entre le Monastere de Malmesburi, & le
Monastere de Saint Germain, sinon peut-estre, que les
Moines de Malmesburi n'exterminoient pas l'Euesque de
Sarisburi de leur territoire, comme les Moines de Saint
Germain des Prez exterminent l'Euesque de Paris de leur
territoire, en y faisant exercer les fonctions Episcopales
par vn grand Vicaire & par vn Official.

Maintenant il faut reprendre le fil du compulsoire de
l'an 1618.

LE PRIVILEGE OV RESCRIPT
du Pape Alexandre III.

ALEXANDER *Episcopus seruus seruorum Dei, dilecto filio Hugoni Abbati sancti Germani Parisiensis salutem & Apostolicam benedictionem. Dum venerabilis frater noster Mauricius Parisiensis Episcopus, & tu pariter in Concilio Turonensi in nostra praesentia essetis constituti, praedictus Episcopus in Concilio ipso consurgens jus quoddam in Ecclesia tua ad se proposuit rationabiliter pertinere. Nos autem attendentes quomodo eadem Ecclesia sub jure & proprietate beati Petri ab antiquis retro temporibus quietè pacificéque perstiterit, noluimus vllatenus ejusdem Episcopi proclamationem admittere, nisi ostenderet, aliquem eam de nostris praedecessoribus admisisse. Quod quia non fecit, nec eum id facere posse pensamus, per praesentia scripta decernimus, vt illa ipsius Episcopi proclamatio nullam interruptionem, nullúmque possit juri & libertati ejusdem Ecclesiae praejudicium in posterum generare. Datum Turonis Calend. Iunij.*

Ce Priuilege est rapporté dans les Antiquitez de Paris du Pere du Breuil, & dans le Compulsoire fait l'an 1618. par les vieux Moines, & allegué par les nouueaux dans le memoire justificatif & instructif dont il est parlé cy-dessus.

Examen general de ce Priuilege.
question de droit.

1. **S**I ce Priuilege n'est pas contraire au droit commun qui soûmet les Moines à la Iurisdiction spirituelle

des Euesques, il est inutile pour le jugement de la cause presente, en laquelle on cherche vne exemption de cette Iurisdiction.

2. Si ce Priuilege est contraire au droit commun, il doit estre pris pour supposé ou pour subreptice, selon la Iurisprudence de la Cour de Rome expliquée & demonstrée dans l'examen du Priuilege de S. Germain. Il n'y a aucune clause dérogatoire speciale au Concile general de Calchedoine, ni au Concile general de Latran, tenu sous le Pape Calixte II. dans lequel il est ordonné ce qui suit & ce qui a desja esté rapporté cy-dessus : *Interdicimus Abbatibus & Monachis publicas pœnitentias dare, & infirmos visitare, & vnctiones facere, & missas publicas cantare. Chrisma & oleum, consecrationes altarium, ordinationes Clericorum ab Episcopis accipiant, in quorum Parochiis manent. In Parochialibus Ecclesiis Presbyteri per Episcopos constituuntur, qui eis respondeant de animarum cura & de iis, quæ ad Episcopum pertinent.* Et c'est en ce rencontre, que le Pape Honoré III. consulté par l'Euesque de Paris luy eust iustement répondu : *Cùm autem id obuiet Lateranensi Concilio, de quo nulla est mentio in literis Alexandri III. fraternitati tuæ breuiter respondemus, quòd huiusmodi literas ab Apostolica Sede non credimus emanasse : quòd si per occupationem forsitan emanauerint, nolumus per hoc derogari Concilio supradicto.*

3. Si ce Priuilege est contraire au droit commun, il est de droit estroit, & par consequent il ne faut pas l'estendre par aucune interpretation ou raisonnement ; mais il le faut restraindre en sorte, qu'il paroisse le moins opposé au droit commun, que faire se pourra, comme il a esté prouué dans l'examen general du Priuilege de Saint

Germain. Voicy donc ce qu'on pourroit presumer estre contraire au droit commun. *Parisiensis Episcopus in ipso Concilio consurgens jus quoddam in Ecclesia tua ad se proposuit rationabiliter pertinere. Nos autem attendentes quomodo eadem Ecclesia sub jure & proprietate beati Petri ab antiquis retro temporibus quietè pacificéque perstiterit, noluimus vllatenus ejusdem Episcopi proclamationem admittere*, &c. Le Pape Alexandre écrit, qu'il n'a pas voulu receuoir la proposition de l'Euesque de Paris, si cét Euesque ne monstroit que sa proposition eust esté receuë par quelqu'vn de ses predecesseurs : mais comme ce discours est obscur, on ne sçauroit dire, de quel droit il s'agit, auquel cas on doit expliquer ce droit, à l'égard du temporel, & non pas du spirituel. De plus on ne peut pas nier que la chose ne soit douteuse : mais en tel rencontre la maxime est qu'*in dubiis recurritur ad jus commune*, & par ce moyen cette lettre, rescript, ou priuilege du Pape Alexandre ne peut prejudicier à la jurisdiction spirituelle que l'Euesque de Paris a sur l'Abbé & les Moines de Saint Germain par la disposition du droit commun.

4. Outre cela, s'il estoit permis de philosopher sur vne clause douteuse pour l'estendre, qui pourroit inferer de celle-cy, que l'Abbé & les Moines de Saint Germain ont pouuoir d'establir vn Vicaire general, & vn Official, qui feront ou feront faire toutes sortes de fonctions Episcopales dans le Fauxbourg de Saint Germain? Pourroit-on jamais inferer vne chose plus absurde & plus ridicule?

Examen particulier de ce Priuilege.
queſtion de fait.

1. CE Priuilege, ou Reſcript n'eſt que pour perſuader l'exemption du Monaſtere de S.Germain,mais
il a eſté fort mal fait pour vne telle fin, comme on peut
remarquer cy-deſſus dans l'examen general.

2. Ceux qui ont fait ce Priuilege ont creû que ces paroles, *Ecclesia ſub beati Petri jure & proprietate exiſtens*, ſi-
gnifioient vne exemption de la juriſdiction ſpirituelle de
l'Eueſque de Paris : mais ils ſe trompent au jugement du
Pape Boniface VIII. *in ſexto. de Priuilegiis. cap. ſi Papa :*
Si Papa, dit-il, *in aliquo priuilegio vel ſcriptura non fa
principaliter ſuper donatione vel ſententia exemptionis, ſeu etiam li-
bertatis aliquam Eccleſiam ad jus & proprietatem Romanæ Eccleſiæ pertinere, vel conſimilia verba narret, non propterea illius Eccleſiæ exemptio eſt probata.* Cela eſtant ainſi, ces paroles, *Eccleſiaſub jure & proprietate B. Petri exiſtens*, ne prouuent point que le Monaſtere de Saint Germain ſoit
exempt de la Iuriſdiction de l'Eueſque de Paris , & s'il
n'eſt pas exempt, il eſt ſoûmis. Cette obſeruation eſt
fortement confirmée dans l'examen particulier du priuilege de Paſcal II. nombre 5.

2. Cette clauſe, *Eccleſia*, *(ſeu Monaſterium ſancti Germani) ab antiquis retro temporibus ſub iure & proprietate beati
Petri perſtitit*, contient vne hiſtoire, qui ne ſe peut
prouuer par aucun titre valable : d'où vient que ce priuilege ou reſcript eſt obreptice , *per falſi ſuggeſtionem* ,
comme parle Innocent III. quand d'ailleurs on ſuppo-

seroit qu'il fuſt emané du Pape Alexandre.

3. Cette clauſe, *Quod quia non fecit* (Mauricius) *nec eum facere poſſe penſamus* , contient vne manifeſte injuſtice, de laquelle ni Alexandre III. ni le Concile de Tours n'eſtoient point capables. Le Pape & le Concile font perdre la cauſe à Maurice Eueſque de Paris, ſans l'auoir entendu, ni veû les titres qu'il pouuoit auoir pour la conſeruation de ſon droit. Enfin ils luy font perdre ſa cauſe ſur la preſomption de manquement de titres, qui eſt vne choſe la plus honteuſe du monde.

4. Le Pape Alexandre n'euſt pas fait vne telle injuſtice à l'égard de qui que ce ſoit, beaucoup moins à l'égard de Maurice Eueſque de Paris, qu'il conſideroit beaucoup, tant à raiſon de ſa vertu que de ſon erudition. Cela ſe void dans quelques lettres, que ce Pape luy écrit.

5. On termina dans le Concile de Tours vn procés, qui eſtoit entre les Chanoines de Paris, & les Moines de Saint Germain, mais il n'y a pas vn mot de Maurice Eueſque de Paris. Le Moine qui a fait l'hiſtoire de l'Abbaye de Vezelay l'aſſeure au quatriéme liure, où il eſcrit: *Cùm plurimæ hujuſmodi controuerſiæ hinc inde in eodem Concilio proponerentur, & terminarentur, ſicut fuit cauſa Pariſienſium Clericorum & Monachorum cœnobij S. Germani de Pratis, quæ pleniùs ventilata injuſtis Clericorum vocibus æternum ſilentium impoſuit.* C'eſt vn Auteur contemporain, qui ſçauoit bien ce qui s'eſtoit fait au Concile, & comme il eſtoit Moine il n'euſt pas manqué de parler du procés de Maurice auec les Moines de Saint Germain ſes confreres, ſi Maurice en euſt eu quelqu'vn, qui euſt eſté terminé par le Pape , & par le Concile au deſauantage de cét Eueſque.   K iij

6. Ces trois dernieres obseruations monstrent bien que ce priuilege, ou rescript a esté supposé par les Moines de Saint Germain, mais tres-inutilement, *fraude mal vsata*. Car quand il ne seroit pas supposé, il ne seruiroit de rien pour prouuer l'exemption, & l'indépendance dont est question, & l'établissement d'vne jurisdiction Episcopale.

CHARTE DE L'ABBE' HVGVES
pour la dedicace & l'exemption du Monastere de Saint Germain.

CETTE Charte n'est pas dans le Compulsoire de l'an 1618. mais elle est dans les Antiquitez de Paris composées par le Pere Iacques du Brueil Moine de Saint Germain des Prez, *qui profert de thesauro suo noua & vetera.*

Anno ab Incarnatione Domini M. C. LXIII. *Alexander Papa III. Parisiensem ciuitatem ingressus per aliquod tempus ibidem moras fecit, dúmque in eadem vrbe moraretur, ego Hugo III. Dei gratiâ Abbas sancti Germani Parisiensis accedens ad ejus præsentiam humiliter exoraui eum, quatenus Ecclesiam beati Germani nouo schemate reparatam, quia nondum consecrata erat, dignitate consecrationis insignire dignaretur. At idem reuerentissimus Papa Alexander precibus nostris gratanter annuens, XI. Calendas Maij ad prædictam Ecclesiam venit magnâ Pontificum & Cardinalium frequentiâ comitatus, quorum fuit vnus Mauricius Parisiensis Episcopus, quem Monachi ejusdem Ecclesiæ videntes, & ob ejus præsentiam nimiùm perturbati dixerunt, se nullatenus passuros, quòd consecratio fieret, dum prædictus Mauricius Episcopus præsens adesset ; vnde dominus Papa auditâ & cognitâ monachorum perturbatione conuocauit ad se dominum Hyacinthum diaconum Cardinalem sanctæ Mariæ in Cosmedin, & dominum Othonem diaconum Cardinalem sancti Nicolai in carcere Tulliano, dominum quoque Vuillelmum presbyterum Cardinalem sancti Petri ad Vincula. Quibus accersitis præcepit, vt supradictum Mauricium Episcopum conuenientes monachorum commotionem diligenter notificarent, & ex ipsius mandato eidem præciperent, quòd ab Ecclesia discederet, alioqui monachi consecrationem fieri omnimodis refutarent. At ille audito domini Papæ mandato, cum omni ornatu & vestimentis, quæ secum detulerat, ab Ecclesia recessit. Post cujus abscessum dominus Hubaudus Ostiensis, Berrardus Portuensis, Galterius Albanensis, Ioannes Signiensis, Geraudus Caturcensis, Almaricus Siluanectensis, Episcopi; & de Hispania Ioannes Toletanus Archiepiscopus & Hispaniarum Primas, Fellandus Asturicensis, Ioannes Legionensis, Stephanus Zamorensis, Ioannes Luccensis, Assuerus Cauriensis, Petrus Migdonensis, Episcopi, præcipiente domino Papa Ecclesiam de foris in circuitu ter, & deintus similiter circumlustrantes & aquâ benedictâ, sicut mos est, aspergentes eam honorificentissimè, prout decebat, dedicauerunt. Deinde dominus Papa Alexander majus altare in honore sanctæ Crucis, & sanctorum martyrum Stephani atque Vincentij solemniter consecrauit, & in medio crucem de oleo sancto imposuit, circumstantibus ad quatuor cornua ejusdem altaris quatuor de supradictis Pontificibus. Quorum vnusquisque crucem de oleo sancto in loco suo similiter imposuerunt. Dominus autem Papa reliquias intra altare posuit, & accepto instrumento, quod vulgò truella dicitur, easdem cæ-*

mento introsigillauit. Quo peracto dominus Hubaudus Ostien-
sis Episcopus, & tres Episcopi pariter altare matutinale in ho-
nore sanctissimi Confessoris Germani consecrauerunt. Interim
dominus Papa Alexander ad pratum, quod est juxta monasterij
muros, cum solemni processione procedens ad populum sermonem
fecit, & coram omnibus adstantibus publicè protestatus est, quòd
Ecclesia S. Germani de Pratis, de proprio iure beati Petri existens,
nulli Archiepiscopo vel Episcopo, nisi summo Pontifici Romanæ
Ecclesiæ subjacet. Et infrà : Ego Hugo Abbas sancti Germani
de Pratis tertius testificor, hanc consecrationem meo instinctu sic
peractam fuisse, & ideo ad certitudinem præsentium & futuro-
rum eodem scripto commendaui, & sigillo meo corroboraui.

Examen general de cette Charte. question de droit.

1. **S**VPPOSANT, que cette Charte est veritable, on dit, que celuy, qui l'a faite pour prouuer l'exemption du Monastere de Saint Germain, s'est bien mal instruit des termes dont le Pape Alexandre III. se fust seruy pour exempter vne Abbaye de la jurisdiction de son Euesque Diocesain, comme on peut recueillir de l'examen general du priuilege de Saint Germain.

2. Ces termes, *Ecclesia sancti Germani de Pratis de proprio jure beati Petri existens*, qu'on met en la bouche du Pape Alexandre, ne signifient point vne telle exemption, comme il vient d'estre prouué.

Examen particulier de cette mefme Charte. queftion de fait.

1. CETTE piece a efté compofée long-temps aprés la dedicace de l'Eglife du Monaftere de Saint Germain pour en prouuer l'exemption, autrement l'Auteur n'euft pas dit, Que le Pape Alexandre arriua à Paris fur la fin de l'année 1163. Il y arriua fur la fin de l'année 1162. Il y paffa le Carefme, & il y fit la Pafques , & puis il s'en alla à Tours où il tint vn Concile dans l'octaue de la Pentecofte.

Robert Abbé du Mont faint Michel, *In noua Appendice ad Sigibertum* , publiée par vn Moine de Saint Germain. *Anno* , dit-il, M C L X I I. *Ludouicus Rex Francorum, & Henricus Rex Anglorum fuper Ligerim , apud Cociacum conuenientes Alexandrum Papam honore congruo fufceperunt.* & vn peu aprés : *Anno* MCLXIII. *in octauis Pentecoftes Alexander Papa tenuit Concilium Turonis.* Cét Appendice nouueau eft plus correct que l'ancien , c'eft pourquoy on l'a publié pour corriger l'autre : mais on ne préuoyoit pas que cette correction deuft feruir à détruire cette Charte.

Le Chronique de Tours manufcript : *Nec multo pòft Alexander Papa Gallias venit, & à Franciæ & Angliæ Regibus eft fufceptus. Anno Domini* MCLXIII. *& Ludouici Regis* XXVI. *& Frederici* XI. *Alexander Papa Turonis Concilium in Pentecoftes octauis celebrauit.*

Guillaume Chanoine regulier du Monaftere de Neubrige, au liure 2. de l'Hiftoire d'Angleterre chapitre 14.

L

Eodem tempore (anno M C L X I I. quo Thomas Cancel-
larius factus est Cantuariensis Archiepiscopus) *Romanus*
Pontifex Alexander de Apulia liquido itinere venit in Gallias.
Et peu aprés : *Principum itaque fauore adjutus conuocatis Ec-*
clesiarum Pastoribus in octauis Pentecostes generale Concilium
cum multa gloria Turone celebrauit anno ab Incarnatione Do-
mini M C L X I I I.

Le Cardinal Baronio rapporte l'an MCLXII.les actes du
Pape Alexandre , dans lesquels il y a: *Adueniente autem qua-*
dragesima colloquium habiturus Alexander Papa cum Rege Fran-
corum ad ciuitatem Parisiensem properauit. & plus bas : *Man-*
sit autem in dicta ciuitate per ipsam quadragesimam, & Pascha-
le in ea festum celebrauit. & plus bas : *Anno igitur Dominicæ*
Incarnationis M C L X I I I. *Indict.* X I. *anno quarto sui Pontifi-*
catus, X I V. (aliàs I V.) *Calendas Junij supradictus Alexander*
Papa in Ecclesia sancti Mauricij Turone Concilium celebrauit.

Le Moine d'Auxerre dans sa Chronologie. *Anno* 1162.
Alexander Papa in Gallias venit, & à Regibus Francorum vi-
delicet & Anglorum susceptus est. Or celuy qui a fait cette
piece a pris l'année de la celebration du Concile de Tours,
pour l'année en laquelle le Pape Alexandre vint à Paris.

2. Cette Charte contient vne des plus grandes inju-
res, qu'on pourroit jamais faire au Pape, à tous les Euefques & Cardinaux qui assistoient à la dedicace de l'E-
glise, que le Pape faisoit: Les Moines , oüy les Moines
de Saint Germain menacent le Pape d'empescher la ceremonie qu'il alloit commencer, s'il ne faisoit sortir de
l'Eglise Maurice Euesque de Paris. Le Pape a peur, *metu*
cadente in virum constantem , de cette menace, & fait faire
tout à l'instant commandement à l'Euesque de Paris de

fortir. Il fortit tout auffi-toft. Il n'auoit peut-eftre pas
moins de peur que le Pape. Croiroit-on jamais que les
Moines de S. Germain fuffent capables de fuppofer vne
telle extrauagance ? Ils l'ont fuppofée , puifqu'on la lit
dans leurs liures. Car on ne foupçonnera jamais les Officiers de l'Euefque Maurice de l'auoir fuppofée , & de l'a-
uoir mife dans les Archiues du Monaftere de Saint Germain.

3. Les Moines font faire au Pape vne Proceffion & vn
Sermon dans le Pré aux Clercs ; dont la fin n'eft autre ,
que pour faire prefcher & publier par la propre bouche
du Pape, que le Monaftere de Saint Germain eft exempt,
& qu'il ne dépend que du Pape feul. *Interim Dominus Papa
Alexander ad pratum , quod eft juxta Monafterij muros cum fo-
lemni proceffione procedens ad populum fermonem fecit , & coram omnibus adftantibus publicè proteftatus eft , quòd Ecclefia S.
Germani de Pratis , de proprio jure beati Petri exiftens , nulli Archiepifcopo vel Epifcopo , nifi fummo Pontifici Ronanæ Ecclefiæ fubjacet.* Iamais on n'a veû ni oüy vn fermon plus
court ni plus decifif : & bien n'eft-ce pas là vne marque
vifible de fauffeté ?

4. Les Moines qui ont fuppofé cette Charte, ont vefcu
depuis le temps de Boniface VIII. Car ayant appris de
ce Pape, que ces paroles, *Ecclefia de jure & proprietate B.
Petri exiftens* , ne font pas feules capables de prouuer qu'-
vne Eglife ou vn Monaftere eft exempt de la jurifdiction
de l'Euefque Diocefain , n'ont pas manqué d'adjoufter,
*Nulli Archiepifcopo vel Epifcopo , nifi fummo Pontifici Roma-
næ Ecclefiæ fubjacet.*

5. Cette claufe qui a fait toutes les parties du Sermon

du Pape Alexandre, contient vn fait hiſtorique, qu'il faut
prouuer par des titres plus anciens que le temps du Pape Alexandre, parce que *enunciatiua non probant*. Mais on a
veû cy-deuant que le Pape Alexandre eſt fort contraire aux exemptions, que les Moines de Saint Germain
des Prez pretendent auoir.

6. Si ce ſermon eſtoit veritable, pourquoy faloit-il faire vne tranſaction l'an 1210. c'eſt à dire, quarante huit
ans aprés, ſi la Sentence arbitrale, ou la tranſaction ſe
faiſoit pour l'indépendance de la juriſdiction de l'Eueſque de Paris? On ne répondra jamais à cela, ſi on ne
monſtre que depuis l'an 1162. juſques à 1210. l'Eueſque de
Paris n'a pas eſté perſuadé par le ſermon du Pape Alexandre, & qu'il a troublé l'indépendance de Meſſieurs
les Moines de Saint Germain des Prez. Et il ne ſeruiroit
rien de dire, que l'Eueſque de Paris n'entendit pas le
ſermon du Pape, attendu que les Moines le firent chaſ-
ſer de leur Egliſe, & qu'il n'y a pas d'apparence qu'il oſaſt
ſe trouuer dans le Pré aux Clercs. Cela eſt bien vray:
mais il eſt à preſumer, que les Moines luy enuoyerent vn
Notaire, pour luy ſignifier le ſermon du Pape Alexandre & luy en laiſſer copie.

7. La raiſon pour laquelle l'atteſtation de l'Abbé Hugues ſe trouue *ſine die & conſule*, eſt, que les Moines qui
l'ont ſuppoſée, ont craint de ſe méprendre. Mais ils ont
par ce moyen découuert leur fourberie en la voulant
cacher.

PRIVILEGE D'JNNOCENT III.
qui se trouue dans le premier liure de ses Epistres Decretales.

CE Priuilege n'a pas esté compulsé l'an 1618. Mais c'est peut-estre celuy qui est indiqué dans le memoire justificatif & dans le memoire instructif, que les Moines de Saint Germain donnerent à Monsieur l'Archeuesque de Paris, au commencement du procés. De plus ce Priuilege est transcrit dans celuy de Leon X. qui a esté compulsé. Le voicy,

Roberto Abbati sancti Germani Parisiensis, ejúsque fratribus tam præsentibus, quàm futuris regularem vitam professis in perpetuum. In eminenti Apostolicæ Sedis specula ad hoc sumus licet immeriti disponente Domino constituti, vt justas petitiones debeamus libenter admittere, & eis studeamus effectum vtilem indulgere. Eapropter, dilecti in Domino filij, vestris justis postulationibus annuentes Monasterium beati Germani de Pratis, in quo diuino mancipati estis obsequio, quod propriè beati Petri juris existit, ad exemplar felicis memoriæ Paschalis, Innocentij, Lucij, Eugenij, Anastasij, Alexandri, Lucij, Vrbani, Clementis & Cælestini prædecessorum nostrorum Romanorum Pontificum sub beati Petri & nostra protectione suscipimus, & præsentis scripti paginâ communimus. Imprimis siquidem statuentes, vt Ordo monasticus, qui secundùm Deum & beati Benedicti Regulam in eodem monasterio institutus, &c. vsque ad verbum illud, obseruetur. Præterea quascunque possessiones, &c. vsque ad illud, illibata permaneant. Per præsentis itaque priuilegij pa-

ginam vobis veſtriſque ſucceſſoribus in perpetuum confirmamus,
vt quæcumque libertas, quæcumque dignitas priuilegio beati Germani, ſcriptis Childeberti, Chlotarij, atque aliorum Regum
Francorum veſtro monaſterio collata eſt, eidem permaneant illibata.
Ad hæc volentes te, dilecte fili Roberte Abbas, ŧ) monaſterium
tuum honoris & gratiæ priuilegio decorare, ad inſtar dictorum
prædeceſſorum noſtrorum Alexandri & Cæleſtini, vſum mitræ
& annuli atque ſandaliorum tibi & per te ſucceſſoribus tuis de
conſueta Sedis Apoſtolicæ benignitate duximus indulgendum.
Præcepimus autem, vt chriſma, oleum ſanctum, conſecrationes
altarium, ordinationes, & quæcumque vobis ex pontificali ſunt
miniſterio neceſſaria, à nullo Catholico Epiſcopo vobis, veſtriſque ſucceſſoribus denegentur. Sanè miſſas, ordinationes, ſtationes ab omni Epiſcopo vel clero Pariſienſis Eccleſiæ in eodem monaſterio præter voluntatem Abbatis vel Congregationis fieri prohibemus, nec habeant poteſtatem aliquid ibi imperandi, ſed nec
diuina officia ipſis interdicere, nec excommunicare, nec ad ſyno-
dum vocare, aut Abbatem, aut monachos preſbyteros aut clericos Eccleſiarum ipſius loci tribuimus facultatem. Adjicimus
etiam, vt in parochialibus Eccleſiis, quas extra Burgum beati
Germani tenetis, preſbyteri per vos eligantur, & Epiſcopo præſententur, quibus ſi idonei fuerint, Epiſcopus animarum curam
committat, vt ei de plebis cura, de rebus verò temporalibus ad
monaſterium pertinentibus reſpondeant. Quod ſi fortè facere noluerint, ſubtrahendi eis temporalia, quæ à vobis tenent, liberam
habeatis auctoritate Apoſtolica facultatem. Auctoritate etiam
Apoſtolicâ ſtatuimus. & vobis de conſueta clementia ŧ) benignitate Sedis Apoſtolicæ indulgemus, vt nullius legationi, niſi à
latere Romani Pontificis ſpecialiter fuerit delegatus, ſubjacere,
vt ſubeſſe amodo debeatis, nec alicui liceat obtentu legationis ab

Apostolica sibi Sede indultæ vos vel successores vestros, seu monasterium vestrum, vel Ecclesias quæ infra Burgum beati Germani sunt, ullâ interdicti vel excommunicationis sententiâ prægrauare, vel super vos, aut super dictas Ecclesias jurisdictionem aliquam exercere, nisi specialiter hoc fuerit à Romano Pontifice illi mandatum. Præterea compositionem, quæ inter monasterium vestrum, & bonæ memoriæ Guidonem quondam Senonensem Archiep. scopum super procurationibus, quas à vobis in quibusdam villis petebat, rationabiliter intercessit: sicut prouidè ac sine prauitate facta est & recepta, & hactenus obseruata, atque in instrumento exinde confecto plenariè continetur, ratam habentes auctoritate Apostolica duximus confirmandam. Ad majorem autem euidentiam compositionis ipsius rescriptum illud de verbo ad verbum huic priuilegio duximus inserendum: cujus tenor talis est: In nomine sanctæ & indiuiduæ Trinitatis, Guido Dei gratiâ Senonensis Archiepiscopus omnibus, ad quos præsentes literæ peruenerint, in Domino salutem. Notum fieri volumus vniuersis præsentibus & futuris, quòd discordia, quæ erat inter nos & Fulconem Abbatem sancti Germani de Pratis & ipsam Ecclesiam de procurationibus, quas ab eis petebamus in Emant & Balneolo, & sancto Germano juxta Musteriolum, in præsentia domini Philippi Francorum Regis ita terminata est. In hoc siquidem quitauimus N. Abbati & Ecclesiæ sancti Germani in perpetuum procurationes, quas in prædictis locis petebamus ab eis tali modo: Quòd Abbas & successores sui nobis & successoribus nostris, vel nostris certis nunciis pro procurationibus illis reddent singulis annis octo libras Parisienses apud Emant in octauis Paschæ; & si nos vel successores nostri venerimus semel in anno ad Emant vel Balneolum, vel ad villam quæ dicitur Sanctus Germanus, Abbas aut successores sui, aut ille qui domum tenebit, recipiet nos

*& succeſſores noſtros, & viuemus ibi nos & ſucceſſores noſtri no-
cte vna ſumptibus noſtris propriis : infra quod ille, qui domum
tenebit, non tenebitur aliquid dare nobis vel ſucceſſoribus noſtris
præter hoſpitium, niſi hoc de gratia facere voluerit.   Et ſi nos
vel ſucceſſores noſtri ſemel recepti fuerimus in vno prædictorum
locorum, non tenebuntur monachi recipere nos ſiue ſucceſſores noſtros in aliquo illorum trium eodem anno. Nos autem fecimus
quitari jam dictæ Eccleſiæ & Abbati medietatem decimæ lanæ
à presbyteris, qui ſunt in Eccleſiis Sancti Germani per Archie-
piſcopatum Senonenſem conſtitutis, ſcilicet in Emant, Balneolo,
villâ quæ dicitur Sanctus Germanus juxta Muſteriolum Ma-
triolis, & presbyteri dictarum Eccleſiarum aliam medietatem
ejuſdem decimæ habebunt. Nuncij autem Abbatis Sancti Germani facient fidelitatem presbyteris, qui in dictis Eccleſiis erant,
& presbyteri per nuncios ſuos nunciis Abbatis de dicta decima
communiter & fideliter quærenda, & inter ſe diuidenda. Quod
ne valeat alicujus obliuione deleri, vel malitiosè peruerti, ſigillo
noſtro fecimus id confirmari, aſtantibus Eccleſiæ noſtræ perſonis,
Salone & Manaſſe Archidiacono Vuillelmo Theſaurario, Gau-
frido Præcentore. Teſtes hujus rei ſunt Stephanus Abbas ſanctæ
Genouefæ, & Canonici illius, Hugo Almaricus miles, N. Abbas ſancti Remigij Senonenſis, magiſter Anſell de Cancellaria,
Ogerius de Auons. Actum apud Fontem Blaudi anno ab Incarnatione Domini M. C. XCI. Deinde prohibemus vt monaſterij veſtri monachos vbicunque de mandato Abbatis habitauerint, nullus præter Romanum Pontificem, vel legatum ab ejus
latere miſſum abſque ſpeciali mandato Apoſtolicæ Sedis, vel
præter Abbatem, ad quem cura & cuſtodia eorum pertinet, excommunicet aut interdicat. Obeunte verò, &c. vſque ad verbum illud, Eligendum. Electus autem vel à Romano Pontifice,*

vel

*vel à quo maluerit, Catholico Episcopo munus benedictioni acci-
piat. Sanè Noualium, &c. Apostolica insuper auctoritate vobis duximus indulgendum, vt infra parochias Ecclesiarum ad jam dictum monasterium pertinentium, nullus oratorium, capellam, vel
Ecclesiam ædificare , aut cœmeterium facere sine diœcesani Episcopi & vestro consensu audeat, nisi fortè Templarij vel Hospi-
talarij fuerint, quibus hoc Apostolicæ Sedis priuilegiis indultum
fuisse noscatur. Paci quoque & tranquillitati vestræ pontificali
volentes prouisione prospicere , præsente priuilegio duximus sta-
tuendum, vt si qui terras ad vos de jure spectantes, in quibus
portionem habetis , vel campos , donatione aut venditione , seu
quolibet alio alienationis titulo in aliam Ecclesiam vel religio-
sa loca transtulerint, Ecclesiis illis vel locis religiosis vltra annum & diem eas sine assensu vestro non liceat retinere. sed juxta consuetudinem Gallicanarum Ecclesiarum talibus pretio seu
dono concedant, quæ vobis & monasterio vestro jura vestra cum
integritate persoluant. Decernimus ergo , &c. saluâ Sedis A-
postolicæ auctoritate. Si qua igitur , &c. Datum Romæ apud
S. Petrum per manum Rainaldi domini Papæ Notarij Cancel-
larij vicem agentis , II. Idus Maÿ, Indict. I. Incarnationis
Dominicæ anno MCXCVIII. Pontificatûs verò domini In-
nocentÿ Papæ III. anno primo.*

Examen general de ce Priuilege.
question de droit.

1. **I**L y a peu de chose dans ce Priuilege, qui soit du
Pape Innocent III.

2. Le Priuilege du Pape Pascal y est transcrit presque
tout entier, & vne composition faite entre l'Archeues-

que de Sens , & l'Abbé , Moines & Conuent de Saint Germain des Prez.

3. Le Priuilege de Pascal a desja esté examiné, & il n'est pas necessaire de l'examiner dauantage. Il n'a pas changé de nature , pour auoir esté transcrit par Innocent III. C'est pourquoy on n'en repetera point icy l'examen general, ni l'examen particulier, qui en a esté fait en son lieu.

4. Quant à la composition susdite on ne l'examinera point, parce qu'elle ne concerne point le spirituel, mais seulement le temporel , qui consiste en des droits de procuration.

5. Si Innocent III. eust voulu autoriser le Priuilege de Pascal , il eust falu déroger selon la Iurisprudence de la Cour de Rome à deux Conciles generaux : à celuy de Calchedoine , qui assujettit les Moines aux Euesques ; & à celuy de Latran , tenu sous le Pape Calixte II. parce que ce Concile ordonne tout le contraire à ce qui se trouue dans le Priuilege de Pascal : *Interdicimus*, dit-il, *Abbatibus & Monachis publicas pœnitentias dare, & infirmos visitare, & vnctiones facere & publicas missas cantare , chrisma & oleum , consecrationes altarium , ordinationes Clericorum , ab Episcopis accipiant , in quorum Parochiis manent.* Et si le Pape Honoré III. successeur immediat d'Innocent, eust esté consulté par l'Euesque de Paris sur ce Priuilege, il luy eust répondu ce qu'il répondit autrefois à l'Euesque de Vennes. Car aprés l'exposé du fait, il eust adjousté : *Cùm autem id obuiet* Calchedonensi & Lateranensi Conciliis de quibus *nulla est mentio* in priuilegio Innocentij III. *fraternitati tuæ breuiter respondemus , quod hujusmodi* priuilegium

ab Apostolica Sede non credimus emanasse. quòd si per occupa-
tionem forsitan emanauerit, nolumus per hoc derogari Conciliis supradictis. Le Pape Innocent n'a point dérogé à ces
deux Conciles.

6. Ce qui appartient au Pape Innocent dans ce Priuilege, consiste en trois points. Le premier est: *Adjici-*
mus vt in parochialibus Ecclesiis, quas extra Burgum beati Ger-
mani tenetis, Presbyteri per vos eligantur, & Episcopo præ-
sententur, & quibus si idonei fuerint, Episcopus animarum cu-
ram committat, vt ei de plebis cura, de rebus verò temporalibus
ad Monasterium pertinentibus vobis respondeant. Si le Pape
Innocent par les termes d'*extra Burgum beati Germani*,
veut excepter les Parroisses, qui pourroient estre dans
le bourg ou fauxbourg de Saint Germain, il faloit que
selon la Iurisprudence de la Cour de Rome, il dérogeast
specialement au Concile de Latran tenu sous Calixte II.
où il est ordonné sans aucune distinction, que *in parochia-*
libus Ecclesiis Presbyteri per Episcopos constituantur, qui eis
respondeant de animarum cura, & de iis, quæ ad Episcopum per-
tinent. Le Pape Innocent n'a point dérogé à ce Concile
general.

Le second est: *Auctoritate Apostolica statuimus, & vo-*
bis de consueta clementia & benignitate Sedis Apostolicæ indul-
gemus, vt nullius Legationi, nisi à Latere Romani Pontificis spe-
cialiter fuerit delegatus, subjacere, vel subesse amodo debeatis, nec
alicui liceat obtentu legationis ab Apostolica Sede indultæ vos
vel successores vestros, seu Monasterium vestrum, vel Eccle-
sias, quæ infra Burgum beati Germani sunt, vlla interdicti, vel
excommunicationis sententia prægrauare, vel super vos vel super
dictas Ecclesias jurisdictionem aliquam exercere, nisi specialiter

hoc fuerit à Romano Pontifice illi mandatum. Cette clauſe ne regarde point l'Eueſque Dioceſain, parce que ſi elle le regardoit, il faudroit déroger non ſeulement aux Conciles generaux de Calchedoine & de Latran, mais auſſi à vne clauſe precedente où il y a, *In Parochialibus Eccleſiis quas extra Burgum beati Germani tenetis,* &c. Et par ce moyen Innocent baſtiroit & deſtruiroit vne meſme choſe en meſme temps, & dans vn meſme lieu. Cette clauſe regarde les vexations que faiſoient des Legats de Rome, qui venoient ſans ceſſe en France, & qui en prenoient par où ils pouuoient, en abuſant du pouuoir de l'Egliſe Romaine.

Le troiſiéme : *Auctoritate Apoſtolica vobis duximus indulgendum, vt infra Parochias Eccleſiarum ad dictum Monaſterium pertinentium nullus oratorium, Capellam, vel Eccleſiam ædificare, aut Cœmeterium facere, ſine Dioceſani Epiſcopi & veſtro conſenſu audeat.* Ce priuilege n'eſt pas *contra*, mais *præter Canones*. Le Pape autoriſe le conſentement de l'Eueſque Dioceſain conformément au Concile de Calchedoine, & y adjouſte celuy de l'Abbé. En ſorte que quiconque euſt voulu baſtir vne Chapelle, ou vne Egliſe dans le territoire de l'Abbaye de Saint Germain, il deuoit auoir le conſentement de l'Eueſque de Paris, & puis celuy de l'Abbé.

7. Enfin ce Priuilege tel qu'il eſt, doit paſſer pour faux ou ſubreptice ſelon la Iuriſprudence de la Cour de Rome par le defaut de clauſe, dérogatoire ſpeciale à deux Conciles generaux de Calchedoine & de Latran ; & s'il y auoit vne telle clauſe qui fuſt à perpetuité, elle ſeroit nulle & abuſiue, ſelon la Iuriſprudence du S. Siege, & de l'Egliſe Gallicane.

Examen particulier de ce mefme Priuilege. queftion de fait.

1. INNOCENT III. compte icy dix de fes predecef-feurs, qui auoient donné des Priuileges au Monafte-re de Saint Germain. Le Pere du Breüil n'en compte que huit: Le memoire juftificatif n'en compte que neuf,& le memoire inftructif n'en compte que fept. C'eft vn mé-compte & vne diuerfité fort confiderable.

Le Pere du Breüil, le memoire juftificatif, & le me-moire inftructif, mettent Calixte II. & Adrien IV. au nombre des predeceffeurs d'Innocent, mais Inno-cent ne les y met pas. La raifon en eft peremptoire. Les Priuileges de Calixte II. & d'Adrien IV. n'eftoient pas encore faits.

Le Pape Innocent met Anaftafe IV. Luce III. Vrbain III. Clement III. Celeftin III. mais le Pere du Breüil ne les y met point. La raifon eft, que ce bon Pere voyoit bien que les anciens Moines auoient impofé à Inno-cent III. ou que les Priuileges de ces cinq Papes, contenoient des chofes oppofées à la pretenduë exem-ption.

Le memoire juftificatif retranche Anaftafe IV. & Lu-ce III. du nombre de ceux qui font marquez par Innoc-cent III. La raifon de ce retranchement eft, que les Moines auteurs de ce memoire ont reconnu, que les Priuileges attribuez à ces deux Papes eftoient faux ou fa-uorables à l'Euefque de Paris.

Le memoire inftructif ofte Pafchal II. Eugene III.

Anaſtaſe IV. Luce III. & Clement III. du nombre des Papes citez par Innocent. La raiſon de cette bonne foy là eſt, Que les Moines auteurs du memoire inſtructif, ont bien jugé que les Priuileges attribuez à ces cinq Papes eſtoient faux, ou contraires à la pretenduë exemption, & que d'ailleurs le Pape Innocent auoit eſté merueilleuſement ſurpris par les Moines de ce temps-là, & que ſon Priuilege en ſuite ſeroit de nulle conſideration & de nul effet.

2. L'exorde du Priuilege deſtruit tout ce qui s'y rencontre de contraire au droit commun. *In eminenti Sedis Apoſtolicæ ſpecula ad hoc ſumus licèt immeriti diſponente Domino conſtituti, vt juſtas petitiones debeamus libenter admittere, & eis ſtudeamus effectum vtilem indulgere. Eapropter dilecti in Domino filij veſtris juſtis poſtulationibus annuentes,* &c. Si la demande que les Moines font de s'emanciper ſans cauſe legitime de la ſoûmiſſion & juriſdiction de leur Eueſque, és cas mentionnez dans le priuilege, n'eſt pas juſte, ce Pape ne peut pas l'accorder auec juſtice ; & quand on trouue qu'il l'a accordée, il faut neceſſairement l'excuſer, & dire, qu'il a eſté ſurpris, parce que les priuileges de cette nature, *Pro prauis & malis collata ſunt ad ædificationem, non ad canonum, deſtructionem* comme dit le Pape Paſcal II. dans l'examen particulier de ſon Priuilege, nombre 7.

3. Le Pape Innocent aſſeure, que ce qu'il fait, il le fait, *ad exemplar Paſcalis,* &c. Il a donc eſté ſurpris, *ſuggeſtione falſi,* parce que le priuilege de Paſcal eſt nul, de nul effet, & ſuppoſé, comme il a eſté monſtré en ſon lieu: Le priuilege d'Innocent eſt donc obreptice & nul, par

le jugement du Pape Innocent mesme, au liure 1. de ses epistres, où il écrit de cette sorte à l'Archeuesque de Lyon : *Discretioni vestræ per Apostolica scripta mandamus, quatenus si prædictas confirmationis literas per suspensionem veri, & falsi suggestionem vobis constiterit impetratas, nullatenus permittatis.*

4. Il n'y a rien de plus opposé à la conduite d'Innocent III. que la liberté de prendre les saintes Huiles, le Chresme, & autres choses marquées dans le priuilege de Pascal, qu'il transcrit dans le sien. Voicy comme il en parle dans le liure 1. de ses Epistres : en celle qu'il écrit l'an 1198. à l'Abbé de Saint Germain d'Auxerre : *Chrisma verò, oleum sanctum, consecrationes altarium seu basilicarum, benedictionem Abbatis, ordinationes Monachorum & Clericorum vestrorum, qui ad sacros ordines fuerint promouendi, à Diocesano suscipietis Episcopo, siquidem Catholicus fuerit, & gratiam & communionem Sedis Apostolicæ habuerit, & vobis ea gratis & sine prauitate voluerit exhibere : alioquin liceat vobis quemcumque malueritis Catholicum adire antistitem, qui nostra fultus auctoritate, quod postulatur, indulgeat.* Innocent repete cette clause dans son liure 1. en l'epistre à Guy Fondateur de l'Hospital du S. Esprit : en l'epistre à l'Abbé de l'Eglise de sainte Osyte : dans son liure 2. en l'epistre à l'Abbé de Sainte Marie de Ferrare : dans son liure 1. du regiftre 13. en l'epistre 2. à Fernand Gondislaue Grand Maiftre des Cheualiers de Saint Iacques : en l'epistre 81. à Robert Abbé de Saint Martin de Toüars : dans son liure 2. du regiftre 14. en l'epistre 106. aux Prieur & Religieux de Saint Barthelemy de Trisulte : & en l'epistre 136. aux Preuoft & Religieux de Saint Euase de Casal : dans son liure 3. du regiftre 15. en l'epistre 7. à l'Euesque esleu de Coloce,

touchant les biens du Monaftere de Saint Martin de Pan-
nonie , & cela eft rapporté au titre , *De præscriptionibus* ,
chap. 19. dans la collection des Decretales imprimée à
Paris l'an 1550. en l'epiftre 37. à l'Abbé de Saint Seuerin:
en l'epiftre 229. à l'Abbé de noftre Dame du grand Selue:
dans vn priuilege donné l'an 1207. à l'Eglife de faint Aignan d'Orleans. *Chrisma verò, oleum sanctum , consecratio-*
nes altarium seu Basilicarum , ordinationes Canonicorum seu Cle-
ricorum vestrorum , qui ad sacros ordines fuerint promouendi , à
Diœcesano suscipietis Episcopo siquidem Catholicus fuerit , & gra-
tiam Apostolicæ Sedis habuerit , & ea gratis & absque pecunia vel
exactione aliqua vobis voluerit exhibere : alioquin ad quemcum-
que malueritis antistitem recurratis , qui nostra fultus auctori-
tate , quod postulatur indulgeat. Ce priuilege fe trouue dans
les Antiquitez de l'Eglife de Saint Aignan. L'exemption
que fait Innocent III. dans les lieux cy-deuant alleguez
confirme la regle commune, qui affujettit les Clercs & les
Moines aux Euefques Diocefains : *Exceptio firmat regulam*
in contrarium.

AVTRE PRIVILEGE D'INNOCENT III.
rapporté dans les Antiquitez de Paris,
& dans le Compulfoire de l'an 1618.

INNOCENTIVS *Episcopus seruus seruorum Dei , dilectis*
filiis , Abbati & Conuentui sancti Germani de Pratis Pari-
siensis salutem & Apostolicam benedictionem. Cùm per medium
vinearum vestrarum infra Parochiam sancti Sulpitij positarum
(quæ ad vestrum Monasterium pertinet pleno jure) ad muni-
tionem

nitionem ciuitatis Parisiensis construantur de nouo muri, sicut ex vestra insinuatione didicimus, prouideri super hoc vobis auctoritate Apostolica petiistis. Ne igitur hujusmodi occasione murorum Parochiale jus in Monasterij vestri dispendium immutetur, præsentium vobis auctoritate concedimus, vt idem jus in ædificiis ejusdem Parochiæ construendis cum ipsorum habitatoribus habeatis, quod in ipsius veteribus cum habitatoribus eorumdem dignoscimini hactenus habuisse. Nulli ergo hominum liceat hanc paginam nostræ concessionis infringere, vel ei ausu temerario contraire. Si quis autem hoc attentare præsumpserit, indignationem omnipotentis Dei & beatorum Petri & Pauli Apostolorum ejus se nouerit incursurum. Datum Lateran. IV. Calend. Iunij, Pontificatus nostri anno tertiodecimo. & au dos est écrit, *Muri ciuitatis de nouo erecti juri Parochiali Sancti Sulpitij nocere non possunt. Datum anno Domini millesimo ducentesimo vndecimo.* Cela est ainsi dans le Compulsoire.

Examen general de ce Priuilege, ou Rescript. question de droit.

1. IL n'y a dans ce Priuilege ou Rescript aucune periode, par laquelle le Pape Innocent III. exempte l'Abbé & les Moines de Saint Germain de la jurisdiction spirituelle de l'Euesque de Paris ; & par consequent ce Priuilege laisse les choses en mesme estat qu'elles sont par la disposition du droit commun.

2. La parenthese, *quæ ad vestrum monasterium pertinet pleno jure,* ne regarde que la Parroisse de Saint Sulpice, & ne regarde point ni l'Abbé ni les Moines de l'Abbaye de Saint Germain, en sorte que l'on puisse juger qu'ils

N

font exempts de la jurifdiction fpirituelle de l'Euefque de Paris.

3. Cette parenthefe eftant prife à la rigueur des termes, ne peut dire autre chofe, finon que l'Abbé & les Moines eftabliront vn Curé dans l'Eglife de Saint Sulpice, indépendamment de l'Euefque de Paris : comme il a efté desja obferué, felon la jurifprudence expliquée dans l'examen general du Priuilege de Saint Germain. Mais apres cela le Curé & les Preftres de Saint Sulpice demeureront fujets à la jurifdiction de l'Euefque de Paris, tant en ce qui concerne le gouuernement des ames, & l'adminiftration des Sacremens, que pour leurs mœurs & leurs deportemens, & pour l'obligation d'aller au Synode de l'Euefque, & de prendre de luy les faintes Huiles, le Chrefme, & autres chofes dépendantes du charactere Epifcopal. Ce grand homme Iues Euefque de Chartres ne demeura-t-il pas foûmis à l'Archeuefque de Sens, & au Concile de la Prouince, quoy qu'il euft efté facré à Rome par le Pape Vrbain I I. L'Euefque de Paris, dont il a efté parlé cy-deuant, qui fut facré à Rome par le Pape Pafcal, ne demeura-t-il pas dans la mefme foûmiffion?

Examen particulier de ce Priuilege.
queftion de fait.

1. SI on ofte de ce Priuilege ou Refcript la parenthefe, *quæ ad veftrum Monafterium pertinet pleno jure*, tout le tiffu de la piece ne regarde, que le reuenu & le bien temporel de la Cure de Saint Sulpice : D'où vient, que

l'on n'en peut pas inferer, que la Cure ou Parroiſſe de Saint Sulpice ſoit ſouſtraite de la juriſdiction ſpirituelle de l'Eueſque de Paris.

2. Cette parentheſe a eſté ſuggerée par les Moines, qui ont impetré le Reſcript, & le Pape l'inſerant, *prout exponitur,* elle eſt de nulle conſequence. C'eſt vn fait hiſtorique, qui a beſoin de preuues tirées de titres plus anciens que ce Reſcript. Il ne s'en trouue point.

3. Le Pape Innocent dans le priuilege de protection, qu'il accorda l'an premier de ſon Pontificat, à l'Abbé de Saint Germain, qui l'auoit demandée, rapporte pluſieurs choſes, qui luy auoient eſté fauſſement expoſées par les impetrans, comme tout ce qui eſt contenu dans le priuilege qu'ils auoient fait ſous le nom de Paſcal II. Apres quoy il dit, *Adjicimus etiam vt in Parochialibus Eccleſiis, quæ extra Burgum beati Germani tenetis, Presbyteri per vos eligantur, & Epiſcopo præſententur, quibus ſi idonei fuerint, Epiſcopus animarum curam committat, vt ei de plebis cura, de rebus verò temporalibus ad monaſterium pertinentibus vobis reſpondeant.* Et c'eſt icy où il faut obſeruer, que l'Abbé & les Moines confeſſent par la bouche du Pape, que les Egliſes Paroiſſiales ſituées hors le Bourg de Saint Germain ne ſont point exemptes de la juriſdiction ſpirituelle de l'Eueſque de Paris, que les Curez de ces Egliſes ſont bien preſentez par l'Abbé & par les Moines, mais qu'ils ſont inſtituez par l'Eueſque de Paris, à qui ils doiuent rendre compte de leur miniſtere. Que ſi les Moines pretendent excepter par ces mots *extra Burgum,* & par leur parentheſe l'Egliſe Paroiſſiale de Saint Sulpice, ils ſont obligez de prouuer cette exception par d'autres titres, que

par le feul expofé, qu'ils en font faire au Pape Innocent.
La neceffité & l'obligation de cette preuue vient de ce
que cette exception eft contre le droit commun confirmé par le Concile de Latran tenu fous le Pape Calixte II. Et les bonnes gens ont par vne grande mefprife
fuffifamment fourni, de quoy faire paffer cette exception pour fauffe, ou fubreptice. Car les raifons qui prouuent, que les Curez des Parroiffes fituées hors du Fauxbourg, doiuent eftre fous la jurifdiction de l'Euefque de
Paris, prouuent par vne fuite neceffaire, que les Curez
des Parroiffes fituées dans le Fauxbourg doiuent eftre
fous la mefme jurifdiction. Ces raifons font prifes des
mefmes lieux, c'eft à dire des Conciles generaux de Calchedoine & de Latran, & des Conciles nationaux
de l'Eglife Gallicane, qui foumettent les Cures & les
Curez à la jurifdiction & conduite fpirituelle des Euefques, & non pas des Moines, dont l'inftitut eft de faire
ce qui eft porté par le Canon IV. du Concile de Calchedoine : *Eos verò, qui per fingulas ciuitates feu poffeffiones
in Monafteriis funt, placet nobis Epifcopo fubjectos effe, &
quieti operam dare, atque obferuare jejunia, & orationes, in locis, in quibus fe femel Deo vouerint, permanentes, & neque com-
municare Ecclefiafticas, neque fæculares aliquas attrectare actio-
nes relinquentes propria Monafteria, nifi fortè jubeantur propter vrgentes neceffitates ab ipfius ciuitatis Epifcopo.* Cela eftant
ainfi, quel moyen y a-t-il de déroger à tous ces Conciles
pluftoft à l'égard des Parroiffes fituées dans le Fauxbourg,
qu'à l'égard des Parroiffes fituées hors du Fauxboug ? Il
n'y a aucun moyen qui ne fe deftruife par la comparaifon
qu'on peut faire de ces Eglifes les vnes auec les autres.

4. S'il y auoit vne exception pour l'Eglife de S. Sulpice, elle feroit toute imaginaire , chimerique & fondée fur rien. Le Pape Luce III. monftre bien qu'il n'y a point de diftinction à faire en cette matiere. C'eft dans vn Priuilege de protection , qu'il donna l'an 1181. à l'Abbé & aux Religieux du Mont Saint Quentin: *In Parochialibus*, dit-il , *Ecclefiis , quas habetis , liceat vobis Sacerdotes eligere , & Diœcefano Epifcopo præfentare, quibus fi idonei fuerint , eis curam animarum committat, vt ei de fpiritualibus, vobis verò de temporalibus debeant refpondere.* Ce Priuilege a efté alle-gué cy-deffus.

5. On ne peut non plus prouuer l'exception de la Par-roiffe de Saint Sulpice , par l'énoncé qu'en fait le Pape Innocent , que l'on peut prouuer , que le Priuilege de Pafcal II. eft veritable, parce que le mefme Pape tran-fcrit ce Priuilege tout entier. Mais on peut dire auec rai-fon, que tout ainfi que les Moines ont expofé au Pape vn faux priuilege, fous le nom de ce Pape , que tout de mefme les Moines ont expofé au Pape vne fauffe exce-ption de la Parroiffe de Saint Sulpice ; *Qui femel fuit ma-lus , femper præfumitur malus in eodem genere mali.*

6. Ce Priuilege ou Refcrit porte quant & foy la mar-que d'vne fauffeté fort groffiere, & indigne du fçauoir-faire des Moines deftinez pour la conferuation & la re-formation des Titres & des Chartes.

Il y a deux dattes. La premiere du Pontificat d'Inno-cent III. à la fin du Refcrit. *Datum Lateranen. IV. Calend. Iu-nij , Pontificatus noftri anno tertiodecimo.* La feconde datte de l'an de noftre Seigneur , *Datum anno Domini millefimo ducentefimo vndecimo,* qui n'eft point de fuite comme elle

N iij

doit eſtre, mais au dos du Reſcrit, comme il eſt porté dans le Compulſoire : & la datte de l'an de noſtre Seigneur, eſt non ſeulement ſi éloignée de la datte de l'an du Pontificat d'Innocent ; mais ces deux dattes ſont entrecoupées de cette obſeruation : *Muri ciuitatis de nouo erecti juri parochiali ſancti Sulpicij nocere non poſſunt.* A-t-on jamais veû des Reſcrits ou Priuileges de Rome faits de cette maniere là ? fauſſeté manifeſte, & afin qu'on n'en doute pas le Compulſoire porte : *Extrait & collationné ſur ſon Original eſtant en parchemin de mot à mot , pour ſeruir, &c.*

7. Innocent III. ſe defend encore contre les ſurpriſes de ce Priuilege & du precedent par vne autre maniere. C'eſt lors qu'il décrit les obligations de ſa charge & de ſon miniſtere, au liure 2. dans vne Lettre à l'Archeueſque de Cantorbie : *Quæ in derogationem ſanctorum Canonum attentantur, tantò plus infringi volumus & carere robore firmitatis, quantò auctoritas Eccleſiæ vniuerſalis, cui præſidemus, ad id nos prouocat & inducit.* Et au meſme liure dans vne Lettre à l'Archeueſque de Mayence : *Officium creditæ nobis adminiſtrationis expoſcit, vt non ſolùm corrigamus ea, quæ perperam fuerunt attentata, verumetiam illis , qui contra Eccleſiaſticam honeſtatem, & ſanctorum Patrum conſtitutiones temeritatem ſuam non metuunt exercere.* Si la charge du Pape l'oblige à détruire tout ce qui eſt oppoſé aux ſacrez Canons de l'Egliſe, il ne donnera jamais de Priuileges, qui leur ſeront oppoſez : au contraire il détruira tous ceux qui détacheront les Moines & les Clercs de l'obeïſſance & juriſdiction de leur Eueſque, parce que s'il ſe rencontroit de ſemblables Priuileges, ils auroient eſté donnez par attentat contre les ſacrez Canons de l'Egliſe, & con-

tre les conſtitutions des SS. Peres, c’eſt la doctrine de ce
Pape, qui dans ſa conſecration auoit promis & juré ſolem-
nellement de garder les Canons. Voicy les termes de cette promeſſe & de ce ſerment, tirez d’vn liure appellé,
Diurnum, imprimé à Rome il y a quelque temps : *Nihil*
de traditione eorum, quæ à probatiſſimis prædeceſſoribus meis ſer-
uata reperi, diminuere vel mutare, aut aliquam nouitatem indu-
cere, ſed feruenter, vt verè eorum diſcipulus & ſequipeda, to-
tis mentibus meis & conatibus, quæ tradita ſunt conſeruare ac ve-
nerari profiteor. *Si qua verò emerſerint contra diſciplinam ca-*
nonicam emendare, ſacróſque Canones & conſtituta Pontificum
noſtrorum, vt diuina & cæleſtia mandata cuſtodire, vtpote tibi
(Petre) me redditurum ſciens de omnibus quæ profiteor, diſtrictam
in diuino judicio rationem, cujus locum diuina dignatione perago,
& vicem interceſſionibus tuis adjutus impleo, ſi præter hæc aliquid
agere præſumpſero, vel vt præſumatur, permiſero. Aprés cela
les Moines de S. Germain voudront-ils, que le Pape Innocent I I I. ſe parjure pour les obliger, ou plûtoſt pour
les deſobliger ſouuerainement : parce que les exempter
de la juriſdiction de leur Eueſque, eſt le plus grand mal
qui leur pourroit arriuer ſelon la penſée de Saint Bernard, qui proteſte, que dez auſſi-toſt qu’il taſchera de
ſecouër le joug de l’obeïſſance de ſon propre Eueſque,
il ſe mettra ſous la tyrannie de Satan : *Ego Monachus &*
Monachorum qualiſcumque Abbas, ſi mihi quandoque Pontificis
à propriis ceruicibus jugum excutere tentauero, quòd Satanæ mox
tyrannidi meipſum ſubjicio. Et le Saint Siege n’a pas eſté contraire à Saint Bernard Abbé, viuant & mourant dans cette doctrine. Car le Saint Siege, parlant par la bouche du
Pape Alexandre, dit dans la Bulle de la Canonization de

ce Saint: *Reduximus ad memoriam nostram ejusdem beati viri sanctam & venerabilem vitam , qualiter ipse singularis gratiæ prærogatiua suffultus, non solùm in seipso sanctitate ac religione præfulserit, sed etiam in* VNIVERSA ECCLESIA DEI, FI-DEI ET DOCTRINÆ LVMINE RADIARIT.

SENTENCE ARBITRALE RENDVE
entre l'Euesque , Chapitre de Paris , & le Curé de S. Seuerin d'vne part : & l'Abbé & Religieux de S. Germain des Prez , & le Curé de S. Sulpice d'autre.

G A V F R I D V S *Dei gratia Meldensis minister humilis, & Michaël Decanus sancti Marcelli, & frater Garinus omnibus Christi fidelibus salutem in Domino. Cùm esset contentio inter Petrum Episcopum, & Hugonem Decanum, totúmque Capitulum Parisiense , & Vuillelmum Archipresbyterum S. Seuerini ex vna parte , & Joannem Abbatem & Conuentum Sancti Germani de Pratis , & Radulfum Presbyterum Sancti Sulpicij ex altera; super jure Episcopali & jure Parochiali spirituali in territorio Sancti Germani de Pratis, vltra paruum pontem, siue sit ædificatum siue ædificandum, vsque ad burgum Sancti Germani: tandem pro bono pacis compromiserunt in nos ab vtraque parte sub pœna ducentarum marcharum ratum habituri & firmiter seruaturi, quidquid nos tres pro bono pacis inter ipsos statuerimus bona fide. Nos autem pro bono pacis diximus, quòd totum territorium, quod continetur à Tornella Philippi Hamelini supra Sequanam vsque ad metam, quæ diuidit terram beati Germani ex vna parte, & terram sanctæ Genouefæ ex altera, versus Garnelles, si-*

cut

cut *Sequana comportat* , *&* *ab eadem secunda meta vsque ad
metam* , *quæ est prope cheminum Issiaci* : *quæ similiter diuidit
vtramque prædictam terram:* *ab illa tertia meta vsque ad quartam metam* , *quam nos posuimus extra muros versus S. Stepha-
num* , *sicut cheminum Issiaci comportat: ab illa tertia meta vsque
ad quartam prædictam metam :* *ab illa meta vsque ad supradi-
ctam tornellam Philippi Hamelini, sicuti muri extra se compor-
tant, exemptum maneat ab omni jure Episcopali,* *&* *Parochiali spirituali Parisi. in perpetuum. Totum autem territorium quod est infra muros, erit in perpetuum de jurisdictione Episcopali Paris. Præterea diximus Parochiam S. Seuerini durare ab Ecclesia S. Seuerini
vsque ad metam, quam posuimus supra Sequanam juxta domum,
quæ dicitur domus bb. de S. Marcello,* *&* *ab illa meta vsque ad se-
cundam metam, quam posuimus juxta domum Odonis de hedera, sicut vicus se comportat à prima meta vsque ad tertiam metam,
quam posuimus in platea, quam Balduinus cementarius tenet de
S. Iuliano, sicut vicus comportat. In toto autem territorio ædifica-
to, siue ædificando vltra illas metas Parochiæ S. Seuerini, vsque ad
muros regis habebit Monasterium S. Germani in perpetuum jus
patronatus ad construendam vnam, vel duas Ecclesias Parochiales, non plures,* *&* *Presbyteros ibi instituendos. Tenebitur Abbas
præsentare Archidiacono* *&* *Episcopo Parisiensi. Si ibi fuerint duæ
Ecclesiæ constructæ, ab vtroque Presbytero illarum habebit Abbas
S. Germani singulis annis in perpetuum triginta solidos. Si verò vnica fuerit ibidem Ecclesia, Capellanus ejusdem singulis annis in perpetuum reddet dicto Abbati sexaginta solidos. Episcopus autem Parisiensis tenebitur reddere Abbati prædicto quadraginta solidos in festo S. Remigij vsque ad triennium; nisi ante
triennium in prædicto territorio constructa fuerit Ecclesia , vna
vel duæ. Quia ex quo constructa ibi fuerit Ecclesia, cessabit solutio*

O.

*illorum quadraginta solidorum. Et etiam post triennium siue sit
constructa Ecclesia siue non; nihilominus cessabit solutio. & donec
ibi sit constructa Ecclesia, Parochiani de illo territorio ibunt ad S.
Seuerinum tanquam Parochiani. Ecclesia verò ibidem constructa,
vel Ecclesiis constructis Parochiani illi reuertentur ad Ecclesiam
constructam, vel Ecclesias. Et si duæ Ecclesiæ ibi fuerint, pro vo-
luntate Abbatis Parochiæ limitabuntur. Radulphus autem Pres-
byter S. Sulpitij in recompensatione decimæ, quam in territorio
reclamabat, quamdiu viuet, habebit ab Ecclesia S. Germani quadraginta solidos, in festo S. Remigij, vel singulis diebus quandiu
vixerit, habebit vnum panem album, & vnam quartam vini
Conuentualis, si Abbas maluerit. Post mortem verò Radulphi,
non tenebitur dicta Abbatia reddere successori ejus illos quadraginta solidos, neque panem, neque vinum. Omnis justitia sæcularis
remanet Abbatiæ S. Germani in perpetuum in toto territorio suo,
siue in parochia S. Seuerini siue extra. Quod vt firmum habeatur
in perpetuum, sigillorum nostrorum munimine præsentem paginam roboramus. Actum anno gratiæ* M C C X. *mense Ianuario.*

*Examen general de cette Sentence arbitrale.
question de droit.*

1. **S**VPPOSANT d'abord, que cette Sentence arbitrale est veritable & contraire au droit commun,
ainsi que pretendent les Moines, on soustient qu'elle doit
passer pour fausse ou subreptice selon la Iurisprudence
de la Cour de Rome, expliquée dans l'examen general
du Priuilege de S. Germain. Les Arbitres ne dérogent
point specialement ni au Concile de Calchedoine, ni
au Concile de Latran, tenu sous Calixte I I. ni aux Conciles de l'Eglise Gallicane, qui soûmettent les Moines à
la jurisdiction spirituelle des Euesques. Les Moines de

Saint Germain ne doiuent point trouuer à redire à cette Iurifprudence , puifqu’elle eft principalement appuyée fur vn Refcrit du Pape Honoré I I I. qu’ils difent auoir approuué & confirmé cette Sentence arbitrale.   De plus , les Arbitres à fçauoir vn Euefque , vn Doyen d’Eglife, & le Frere Guerin , ne font pas d’vne condition ni meilleure ni plus releuée que les Papes, dont les Priuileges contraires au droit commun , font foûmis à cette Iurifprudence, receuë de tout le monde, comme il eft déduit plus au long dans l’examen general du Priuilege de Saint Germain. Voilà ce qui fe peut juftement dire , felon la Iurifprudence de la Cour de Rome , qui a efté introduite depuis quelques fiecles. Mais fi la Iurifprudence du Saint Siege & de l’Eglife Gallicane, qui eft déduite dans l’examen general du Priuilege de Saint Germain , & confirmée cy-deuant par les Papes Pafcal I I. Callifte I I. Innocent I I. Luce I I. Eugene I I I. Anaftafe I V. Hadrien I V. Alexandre I I I. Luce I I I. Vrbain I I I. Clement I I I. Celeftin I I I. & Innocent I I I. porte que le Pape ne peut pas déroger aux Canons d’vn Concile , fans vne preffante neceffité & vne euidente vtilité ; portera-t-elle, que trois Arbitres l’Euefque de Meaux , le Doyen de Saint Marcel, & le Frere Guerin , dérogeront aux mef-mes Canons , fans vne preffante neceffité , & vne euiden-te vtilité , fans eftre fujets à vn appel comme d’abus ?

2. S’il y a quelque claufe , qui foit contraire au droit commun, c’eft celle-cy : *Totum territorium, quod continetur, &c. exemptum maneat ab omni jure Epifcopali & Parochiali fpirituali Parif. in perpetuum.* Or fuppofant que cette claufe eft oppofée au droit commun, il ne la faut pas

estendre par aucune interpretation ni raisonnement, mais il la faut resserrer le plus que faire se pourra : comme il a esté prouué dans l'examen general du Priuilege de Saint Germain. Si donc il n'est pas permis par la jurisprudence des Priuileges opposez au droit commun, de raisonner pour estendre l'exemption cy-dessus mentionnée, il n'y a aucun moyen d'establir vn Grand Vicaire & vn Official, qui fassent les fonctions Episcopales. L'exemption ne donne point d'elle-mesme, le pouuoir de faire vn tel establissement. Outre l'exemption, il faut encore vn priuilege pour cela, & les Arbitres ne le donnent point. L'objet & la fin de l'exemption prise dans toute son estenduë, ne va qu'à ne point souffrir : Et comme vn homme ne peut souffrir qu'en sa personne, en ses actions & en ses biens, il peut estre exempt de souffrir en l'vn, sans estre exempt de souffrir en l'autre. C'est pourquoy on dit en droit, *plena & semiplena exemptio.* Mais cette exemption, comme telle, ne donne aucun pouuoir d'agir. Il faut auoir vn priuilege pour cét effet.

3. Il n'y a que le territoire exempt, & non pas les personnes ni les mœurs des personnes, qui demeurent par vne suite necessaire sous la jurisdiction de l'Euesque de Paris : Et on ne sçauroit sans faire violence à la raison & à la nature d'vne exemption qui est de droit estroit & odieuse, estendre l'exemption du territoire aux personnes, qui occupent le territoire. C'est icy où il y a vn combat entre la raison qui cherche la verité, & l'ambition qui cherche l'indépendance. La raison qui cherche la verité demeure dans les bornes & dans les maximes des Priuileges odieux, qu'on n'estend point, & qu'on resser-

re tant qu'on peut. L'ambition qui cherche l'indépendance (*subjectionis impatiens*, dit Saint Bernard) ne se contient point dans les termes, ni dans les maximes des priuileges odieux : Elle les estend par tout, & ne les reserre point : & c'est la veritable cause, pour laquelle les Moines de S. Germain estendent l'exemption du territoire, non seulement à l'exemption de leurs personnes & de leur conduite, mais aussi à l'establissement d'vn Grand Vicaire & d'vn Official, qui puissent faire ou faire faire toutes les fonctions d'vn Euesque. Car voicy comment ils raisonnent. Le territoire est exempt du droit Episcopal, & du droit Paroissial : donc nous sommes exempts, tant pour nos personnes, que pour nos mœurs & nos actions, desquelles l'Euesque de Paris ne pourra connoistre comme Iuge : donc nous auons pouuoir de donner des Lettres Dimissoires aux Clercs de nostre territoire, en sorte que si l'Euesque de Paris les ordonne sans nos Lettres Dimissoires, les ordonnez feront irreguliers, & leurs Benefices en cas qu'ils en ayent, feront impetrables : donc nous pouuons juger de la validité, ou inualidité des Contracts de mariage : donc nous pouuons appeller quelque Euesque que ce soit, qui donne les Ordres dans nostre Fauxbourg : donc nous pouuons establir vn Grand Vicaire & vn Official, qui exerceront la mesme jurisdiction dans nostre Fauxbourg, que le Grand Vicaire & l'Official de l'Euesque exerce dans la Ville. Voilà comme on trompe les simples par de ridicules & de faux raisonnemens, que font les noueaux Moines ; mais à la verité ils font beaucoup moins sinceres, que les anciens.

Et c'est ce qu'il faut remarquer icy comme vne chose

decifiue. Les nouueaux trouuent dans leur inuentaire,
que par la Sentence arbitrale le territoire & la jurifdiction ſpirituelle, & comme Epiſcopale de l'Abbaye
Saint Germain eſt bornée & ſeparée de celle de l'Eueſque : mais les anciens Moines voyant que la Sentence
arbitrale ne ſuffiſoit pas pour eſtablir cette juriſdiction
ſpirituelle, & comme Epiſcopale, ils l'ont reueuë, corrigée & augmentée, & fait inſerer dans vn Priuilege de
Leon X. qui ſera rapporté & examiné en ſon lieu. Voicy par auance comment cette Sentence arbitrale eſt re-
ueuë, corrigée & augmentée dans ce priuilege : *Demum,*
dit Leon, *arbitralem Sententiam dudum inter tunc Epiſco-*
pum Pariſienſem & Abbatem & Conuentum dicti Monaſterij,
ſuper juriſdictione & territorio Epiſcopali dicti Monaſterij :
ſuper quibus ſe inuicem moleſtabant, per arbitros ad id tunc de-
putatos latam, & per Capitulum Eccleſiæ Pariſienſis, & aucto-
ritate Apoſtolica confirmatam : per quam decreti & deſignati
ſunt fines & limites juriſdictionis ſpiritalis, & territorij dicti
Monaſterij, à quibus omnino excluderetur, & eſſet alienus Epi-
ſcopus Pariſienſis, à cujus juriſdictione ſpiritali atque Epiſcopali
territorium dicti Monaſterij eſſet exemptum, & dictorum Ab-
batis & Conuentus juriſdictioni ſpiritali & Epiſcopali dumta-
xat ſpectaret & pertineret, prout latiùs in dicta ſententia &
illius confirmatione continetur : pro illius ſubſtantia firmiori con-
firmantes & approbantes decernimus etiam Abbatem & Con-
uentum præfatos in dicto ſuo Monaſterio, quod infra dictos fines
ſituatur, & alibi infra dictos limites quoſcumque actus Epiſco-
pales & ſpiritales exercere poſſe ac deberi, exercerique potuiſſe ac
debuiſſe; videlicet ea, quæ jure vel ex priuilegio Apoſtolico ſibi ſunt
conceſſa : & quæ ſunt juriſdictionis & ordinis Epiſcopalis, & per

priuilegia non sunt ei conceſſa, per quemcumque Epiſcopum gra-
tiam & communionem Apoſtolicæ Sedis habentem, quem Abbas
pro tempore exiſtens duxerit eligendum. Quæ denique jura edita
ſuper locis exemptis, in quibus poſſunt Diœceſani & Metropoli-
tani in illis benedicere, aut aliud facere, non intelligantur, nec
extendantur ad dictum Monaſterium, nec infra dictos fines &
limites, in quibus vt dicitur, tam ab antiqua primæua funda-
tione, quàm per huiuſmodi ſententiam, ſicut præfertur, confirma-
tam dicti Abbas & Conuentus ſuum habent territorium, in quo
exercent & exercere conſuecuerunt ſuam juriſdictionem ſpiritalem
& Epiſcopalem. Apres cela n'eſt-il pas vray que les anciens Moines de Saint Germain ſont plus ſynceres, que
les nouueaux, puiſqu'ils ont reueû, corrigé & augmen-
té la Sentence arbitrale, qui ne diſoit pas tout ce qu'il
faloit dire pour eſtablir dans le Fauxbourg vn Tribunal
de juriſdiction ſpirituelle & Epiſcopale ? N'eſt-il pas
vray, que les nouueaux Moines ne ſont pas ſi bons Iuriſconſultes, que les anciens, puiſqu'ils veulent eſtablir
vn Tribunal de juriſdiction ſpirituelle & Epiſcopale ſur
vne Sentence arbitrale qui n'en parle point ?

4. Au reſte quand il eſt dit que le territoire demeurera exempt du droit Epiſcopal, du droit de l'Eueſché
ou de l'Eueſque, du droit Paroiſſial ſpirituel, du droit
de Parroiſſe, ou du Curé; il ne faut pas entendre autre
choſe en ce rencontre, ſinon que ceux qui habitent ce
territoire, ne ſeront point obligez de payer à l'Eueſque
de Paris, ni au Curé de Saint Seuerin certains reuenus,
comme de dixmes, qu'on paye ailleurs pour l'admini-
ſtration des Sacremens, & pour la conduite ſpirituelle
des ames. Les Arbitres jugerent, que les dixmes & au-

tres reuenus, qui se prendroient sur le reste du territoire situé dans la Ville, suffiroient quant à cét égard pour
l'Euesque & le Curé : & que par ce moyen ils establi-
roient entre les parties la paix, qui ne pouuoit estre troublée à raison de la jurisdiction spirituelle, de laquelle il
n'y auoit aucune exemption precedente, comme il a
esté prouué cy-dessus. Les Arbitres ont exprimé en Latin
ce qu'on dit ordinairement en François: les droits Epi-
scopaux, les droits de l'Euesché, les droits de Monsieur
l'Euesque, les droits Paroissiaux, les droits de la Parroisse, les droits de Monsieur le Curé, par lesquels on n'entend point le pouuoir de lier & de deslier, le pouuoir de
remettre & de retenir les pechez, enfin la jurisdiction
spirituelle, mais des biens temporels necessaires pour
la subsistence de l'Euesque & du Curé, suiuant ce qui
est marqué dans l'Escriture : *Qui sert à l'Autel doit viure
de l'Autel.* & semblables droits, ni en ce temps-là, ni en
ce temps icy n'ont jamais esté negligez nulle part : mesme on fait jurer de les garder soigneusement : Mais les
Moines en cas d'exemptions, *ea maximè sibi, quæ maximè
desiderant, fingunt.*

Examen particulier de ce qu'on appelle Sentence arbitrale. question de fait.

CET examen sera diuisé en deux parties : Dans la
premiere on supposera encore la verité de la Sentence arbitrale, & dans la seconde on la contestera.
Dans la premiere partie on obserue,

   1. Que les Arbitres enoncent dans leur Sentence vne
transaction

tranſaction faite entre les parties, *compromiſerunt in nos ab vtraque parte ſub pœna ducentarum marcharum.* Or cette tranſaction ou ce compromis n'a pû eſtre fait que pour deux fins. La premiere eſt pour rendre l'Abbaye & le Fauxbourg de Saint Germain indépendant de la ſujettion & juriſdiction ſpirituelle de l'Egliſe, & de l'Eueſque de Paris, comme les Moines de ce lieu-là l'entendent. La ſeconde pour exempter l'Abbaye & le Fauxbourg de quelque autre choſe, qui ne concerne point la ſujettion & la juriſdiction ſpirituelle de l'Egliſe & de l'Eueſque de Paris.

La premiere fin eſt illicite ou meſme impoſſible, parce qu'on ne tranſige point d'vne telle ſujettion & juriſdiction; ou ſi on en tranſige, la tranſaction eſt ſimoniaque, comme les Papes l'ont declaré.

Alexandre I I I. au titre *De pactis,* chap. 3. *Quia hujuſmodi transactiones ſpeciem continent ſimoniæ, mandamus, quatenus reuocata tranſactione in irritum cauſam audiatis.*

Celeſtin I I I. au titre *De tranſactionibus* chap. 10. *Præterea quarto loco quæſtio talis acceſſit, quòd quædam cella eximi voluit à ſubjectione, quæ matrici illi Domui tenebatur. Infrà. Fratres illius cellæ ſe confitentes in jure, illi domui quondam fuiſſe ſubjectos, referebant quæſtionem olim de hac ſubjectione fuiſſe motam, & tranſactione ſopitam eatenus, vt quendam annuum cenſum Eccleſiæ matrici reddendo, eſſent à ſubjectione principalis domus exempti. & infrà. Prior conſequenter pro majori Eccleſia proponebat, quòd de ſpiritali ſubjectione tranſigere non liceret. Reſpondemus igitur, quòd ex prædicta fratrum confeſſione contra eos ſententia procedere debeat, præſertim cùm illa tranſactio, licèt nobis de illo, quod cella determinatè reddere tenebatur, conſtare*

P

nequiuerit, iniquitatem simoniacam continere putetur.

Les Moines de Saint Germain ne peuuent honne-
stement appeller de la decision de ces deux Papes, parce que le memoire justificatif & le memoire instructif,
& Innocent III. les mettent au nombre de ceux, qui
ont donné des Priuileges à leur Monastere.

Gregoire IX. au titre *De pactis* chap. 8. *Pactiones factæ à
vobis, vt audiuimus pro quibusdam spiritualibus obtinendis, cùm
in hujusmodi omnis pactio omnisque conuentio debeat omnino
cessare, nullius penitus sunt momenti.*

Or est-il qu'on ne peut pas establir vn Grand Vicaire
& vn Official sur vn compromis simoniaque. Outre cela l'examen general du Priuilege de Saint Germain,
fournit de fortes raisons, qui prouuent, que la jurisdiction spirituelle, qu'ont les Euesques sur leurs Diocesains, ne peut tomber ni en transaction, ni en compromis. Voilà la disposition canonique.

2. Que l'Euesque, le Chapitre de Paris, & le Curé de
Saint Seuerin n'ont pû transiger d'vne chose, qui regarde le bien public. Papinien en la loy 38. au titre des
Digestes, *De pactis. Publicum jus priuatorum pactis mutari
non potest.* Le mesme en la loy derniere aux Digestes
De suis & legitimis hæredibus, qui est tirée du liure 12. de
ses responses : *Priuatorum cautionem legum auctoritate non
censeri.*

Vlpien en la loy 44. tirée du liure 30. *Ad edictum.
Iuri publico derogare non potest conuentio priuatorum.*

Si donc l'Euesque, le Chapitre de Paris, & le Curé de
Saint Seuerin ont fait ce que les Moines pretendent,
ils n'ont rien fait, parce qu'ils n'auoient pas le pou-

uoir de faire ce qu’ils ont fait. Voilà la difpofition ci-
uile.

3. Que tous ceux qui ne voudront pas à l’exemple des
Moines diffamer les trois Arbitres, ne croiront point
qu’ils ayent rendu vne Sentence pour exempter lefdits
Moines & les Habitans du Fauxbourg de l’obeïffance &
de la jurifdiction fpirituelle de l’Euefque de Paris. Car il
faudroit croire que les trois Arbitres, vn Euefque, vn
Doyen d’Eglife , & vn Moine fe fuffent mis au deffus
de deux Conciles generaux de Calchedoine, & de Latran tenu fous Calixte I I. de plufieurs Conciles nationaux de France, & des Capitulaires de Charlemagne,
qui confirme le Canon I V. du Concile de Calchedoine,
au liure 5. nombre 25. *Monachos per vnamquamque ciuita-*
tem aut regionem fubjectos effe Epifcopo fuo, & quietem diligere,
& intentos effe tantummodo jejunio & orationi, in quibus renun-
ciauerunt faeculo permanentes , nec Ecclefiafticis verò nec faecu-
laribus negotiis communicent, vel in aliquo fint molefti, propria
monafteria deferentes, nifi fortè eis praecipiatur propter neceffa-
rium opus ab Epifcopo ciuitatis. Enfin les gens d’efprit & de
confcience ne croiront jamais les inductions , que les
Moines tirent de la Sentence arbitrale pour fe deliurer
de l’obeïffance & de la jurifdiction fpirituelle de leur
propre Euefque , & pour eftablir vn fiege d’vn autre
Euefque dans le Fauxbourg. Ils jugeront que les Moines traitent les Arbitres auec vne cruauté fort inutile, *cru-*
deltà mal vfata , parce que fi les Arbitres auoient fait ce
qu’ils pretendent qu’ils ont fait , ils auroient excedé
leur pouuoir , & par confequent ils n’auroient rien
fait, qui peuft feruir à l’emancipation des Moines, ni à l’é-

tabliſſement d'vne eſpece d'Eueſque dans le Fauxbourg.

Et certes il n'eſt pas poſſible qu'au meſme temps, qu'
Innocent III. qui ne manquoit point de courage, eſcri-
uoit à Philippe Auguſte, pour luy refuſer la permiſſion
de quitter la Reine ſa femme, parce qu'il ne pouuoit ſans
vn Concile toucher au *quod Deus conjunxit, homo non ſe-
paret;* trois Arbitres euſſent touché à l'*attendite vobis &
vniuerſo gregi, in quo vos Spiritus Sanctus poſuit Epiſcopos regere Eccleſiam Dei*, & ce contre pluſieurs Conciles, qui
ſoûmettent les Moines à la Iuriſdiction des Eueſques.
Les termes d'Innocent III. ſont tres-conſiderables. *Sed in
çarnali commercio inter te ac reginam conjugem tuam adeò eſt pro-
ceſſum, quòd etiam illi tantùm confeſſioni vellemus inſiſtere, quam
nuper eadem regina feciſſe proponitur coram prædicto Abbate de
Trappa & dilecto Magiſtro Roberto Corzon, nunc tituli ſancti
Stephani in Cœlio Monte Presbytero Cardinali, non auderemus
ſuper hujuſmodi caſu de noſtro ſenſu pro te aliquid diffinire, propter illam ſententiam Euangelicam, quam ipſe Chriſtus expreſ-
ſit,* VT QVOD DEVS CONIVNXIT, HOMO NON SEPARET,
*cùm abſque dubio nec Sanctorum exempla, nec Patrum decreta
intentioni tuæ in hoc articulo ſuffragentur. Verùm ſi ſuper hoc*
ABSQVE GENERALI DELIBERATIONE CONCILII *determi-
nare aliquid tentaremus, præter diuinam offenſam, & munda-
nam infamiam, quam ex ea poſſemus incurrere,* FORSAN OR-
DINIS ET OFFICII NOBIS PERICVLVM IMMINERET, CVM
CONTRA PRÆMISSAM VERITATIS SENTENTIAM NOSTRA
NON POSSIT AVCTORITAS DISPENSARE. Au liure 3. du regiſtre 15. epiſtre 104. à Philippe Auguſte. Lors que le Pape & vn tel Pape parle de la ſorte, trois Arbitres, vn Eueſque, vn Doyen & vn Moine diront-ils, *contra iſtam veri-*

*tatis ſententiam, attendite vobis & vniuerſo gregi, &c. noſtra
poteſt auctoritas diſpenſare?* Ils ne le diront point, ils ne
le penſeront pas ſeulement, quoy que dans la preten-
tion des Moines, ils ayent deû eſtre perſuadez, qu'ils
auoient ce pouuoir-là.

4. Si cette Sentence arbitrale euſt pû ſeruir à l'eſtabliſſement d'vne exemption & d'vne juriſdiction Epiſcopale dans le fauxbourg, n'euſt-on pas veû en meſme
temps vn Grand Vicaire & vn Official dans l'exercice de
cette juriſdiction, pour autoriſer vn droit, & vn tel droit
nouuellement acquis, par vne poſſeſſion, qui n'euſt pû
eſtre alors conteſtée? Or eſt-il qu'on n'en void point.
Les Moines marquent bien dans leur Inuentaire cy-deſſus allegué, vne Lettre de l'Official de Paris à l'Official
de Saint Germain : mais elle n'eſt que de l'an 1297. c'eſt à
dire 87. ans aprés cette Sentence renduë.

Suppoſant donc la verité de la Sentence arbitrale, il
faut neceſſairement, qu'elle ait eſté renduë pour vne autre fin, que celle qui exempteroit les Moines de Saint
Germain de l'obeïſſance de la juriſdiction ſpirituelle de
l'Eueſque de Paris, & pour l'eſtabliſſement d'vn Official & d'vn Grand Vicaire. La peine des deux cens marcs
monſtre bien clairement que l'exemption regarde le
temporel, & non pas le ſpirituel.

Il faut maintenant venir à la ſeconde partie, pour
conteſter la verité de cette Sentence arbitrale.

1. La Sentence arbitrale enonce vn Compromis, qu'-
on ne produit point. Il ne paroiſt point que les parties
ayent produit de part ni d'autre : On ne connoiſt point
quel eſt le merite de la cauſe : ſi les intereſts de l'Eueſque,

du Chapitre de Paris & du Curé de Saint Seuerin font les
mefmes ou differens les vns des autres : vne tranfaction,
vn compromis, vne Sentence arbitrale qui fe fait *pro bono pacis*, fuppofe des demeflez & des conteftations precedentes. On ne le connoift point icy, on ne void aucun
acte, qui ait fondé la jurifdiction des Arbitres pretendus. Enfin on auroit de la peine à trouuer vne Sentence
arbitrale plus informe que celle-cy , & on ne pourroit
pas dire, que ce fuft vne Sentence arbitrale, fi les Moines ne le difoient & ne l'auoient fait dire au Pape Leon X.
en cas toutefois que fon Priuilege ne foit pas fuppofé.
Mais on ne les croit point, dautant qu'ils ne font pas les
maiftres des formes publiques.

2. Des Arbitres mediocrement habiles n'euffent pas
mis fimplement *fub pœna ducentarum marcharum*, ils euffent adjoufté *argenti* ou bien *auri*. Alexandre III. au titre *de Pactis* chap. 4. fait mention d'vne efpece de Tranfaction, dans laquelle il y a, *pro expenfis, quas fecerat, tres
marchæ auri foluerentur*. Rigord fuit l'exemple d'Alexandre III. Car dans la vie de Philippe Augufte, il efcrit en
l'an 1185. *Petebat tunc Rex ab eo mille marcas argenti.* & plus
bas : *pro quibus* (veftibus) *viginti vel triginta marchas argenti confumpferant.* N'euft-il pas efté ridicule de mettre
*petebat ab eo Rex mille marcas : viginti vel triginta marchas con-
fumpferant,* fans adjoufter, *argenti?*

Dans le Traité que Saint Louis fit auec les Venitiens,
pour des Vaiffeaux de guerre, *De naue noua vocata fancta
Maria, habere vult dominus dux marchas* M C C C C. *pro
qualibet earum, & de fancto Nicolao marchas* M C. & *de aliis
nauibus marchas* D C C. *pro qualibet earum de bono & fino ar-*

gento. Et plus bas: *Quæ nauis cum omnibus corredis & appara-*
tibus suis, cum CX. *marinariis dabitur pro mille quatringentis*
marchis argenti ejus bonitatis , cujus est Venitianus grossus , &c.
Que signifieroient les termes de ce Traité, si on en ostoit
de bono & fino argento , & *argenti?* Et comme vn marc veut
dire vn poids de huit onces, les Arbitres laissent à deuiner
si la peine qu'ils imposoient estoit deux cens marcs ou
d'or, ou d'argent, ou de cuiure ou d'autre chose qui se pe-
se, ou se peut peser par vn poids de huit onces, comme
on peut voir dans Pline au liure 18. chap. 11. *Græci in binos*
semodios farinæ satis esse besses fermenti constituére.

3. Des Arbitres mediocrement habiles se fussent encores mieux expliquez, que les pretendus Arbitres ne
font quand ils disent: *Territorium exemptum maneat ab om-*
ni jure Episcopali & Parochiali spirituali Parisiensi. Que signifie *Parisiensi,* joint à *jure Parochiali spirituali?* exempt du
droit Parroissial spirituel de Paris. Quel sens est-ce là?
Veut-on distinguer ce *droit Parroissial spirituel de Paris, du*
droit Parroissial spirituel de Meaux ou de Sens, qui ne sera
pas compris dans cette exemption?

4. On ne dit point le lieu, où la Sentence arbitrale
a esté renduë, ni le jour auquel elle a esté renduë, qui est
vne chose considerable pour vne telle affaire.

5. Le trop grand soin & mesme irregulier, que les
Moines font paroistre à faire confirmer cette Sentence
arbitrale, la rend suspecte. *Nimia cautio dolus.* Premierement, ils la font confirmer par l'Euesque & le Chapitre de Paris: secondement, par Philippe Auguste: troi-
siémement, par le Pape Honoré III. quatriémement,
par Saint Louïs. Ce soin est irregulier, parce que la Sen-

tence eſt renduë l'an 1210. le mois de Ianuier. & l'Eueſque & le Chapitre ne la confirment que l'an 1211.ſans dire
ni le mois, ni le jour, ni le lieu. Philippe Auguſte ne la
confirme que l'an 1211. ſans dire ni le mois, ni le jour, ni
le lieu. Le Pape Honoré III. la confirme à Rome l'an 1.
de ſon Pontificat le 29. Auril, & Saint Louïs la confirme
à Maſcon le mois d'Auril, l'an 1270. le 44. & dernier de
ſon regne.

La confirmation de cette Sentence pouuoit & deuoit
eſtre faite en la meſme année en laquelle la Sentence a
eſté renduë; ou il faut dire vne bonne raiſon , pour laquelle l'Eueſque & le Chapitre de Paris, & Philippe Auguſte, ont attendu iuſques à l'année ſuiuante pour confirmer cette Sentence, ſans marquer ni le lieu, ni le mois,
ni le jour. Pourquoy ne faire pas confirmer cette Sentence pluſtoſt par Innocent III. qui viuoit alors , & qui a
encore veſcu prés de ſix ans depuis, que la Sentence a eſté
renduë? Enfin, pourquoy attendre l'an 44. & dernier du
regne de Saint Louis , pour luy faire confirmer cette Sentence? Eſt-ce qu'en l'eſpace de quarante trois ans de regne, on n'a pû trouuer la commodité de faire confirmer
cette Sentence par Saint Louïs? Et pourquoy attendre
que Saint Louïs fuſt à Maſcon? Eſt-ce qu'il ne le pouuoit
pas faire eſtant à Paris , ou que les deux Regens qu'il
auoit laiſſez à Paris ne le pouuoient pas faire?

6. Cét empreſſement pour la confirmation de la
Sentence eſt inutile , puiſqu'il y a vne peine impoſée à
ceux qui n'acquieſceront pas à la Sentence arbitrale. De
plus, *qui confirmat nihil dat.*

7. La confirmation d'Honoré III. eſt tres-inutile

pour

pour le deſſein des Moines de Saint Germain. Ce Pape ne confirmera pas vne Sentence arbitrale contre ſa propre doctrine, ſi ce n'eſt qu'ils diſent qu'vne telle Sentence peut déroger aux Conciles generaux ſans le dire ; & que ce que Honoré dit des Priuileges des Papes, ne s'étend point aux Sentences arbitrales : mais on ne les croira pas à Rome, & on croira à Honoré, lequel eſtant conſulté ſur cette Sentence, diroit ce qu'il reſpondit autrefois à l'Eueſque de Vennes. Il diroit que cette Sentence dans le ſens des nouueaux Moines ſeroit ſubreptice & nulle, parce qu'on n'y déroge point aux Conciles de Calchedoine, & de Latran tenu ſous Calliſte II. qui ſoûmettent les Moines à la juriſdiction ſpirituelle des Eueſques, ſi toutefois Honoré euſt donné tant de pouuoir à trois perſonnes, à l'Eueſque de Meaux, au Doyen de Saint Marcel, & à frere Guerin.

8. Pourquoy ne void-on pas la confirmation de la Sentence arbitrale, faite par l'Abbé & les Moines, dans le Compulſoire de l'an 1618. ou dans l'Inuentaire des pieces qui ont eſté miſes és mains de Monſieur le Chancelier? Eſt-ce que les Moines n'acquieſcerent pas à la Sentence arbitrale, & s'ils n'y acquieſcerent pas, pourquoy veulent-ils s'en ſeruir aujourd'huy ? N'eſt-elle pas deuenuë inutile par leur non-acquieſcement, en payant les deux cens marcs portez par la Sentence?

9. Rigord Medecin & Hiſtoriographe de Philippe Auguſte, & qui par conſequent eſtoit tousjours à la Cour, a fait la vie de ce Roy par forme d'Annales, c'eſt à dire année par année, où il n'obmet rien de tout ce qui peut recommander ſa pieté, ſa vertu, & ſa grandeur : Et neant-

moins il ne dit point que Philippe Auguſte ait confirmé
cette Sentence arbitrale, qui eſt renduë pour mettre la
paix entre l'Eueſque, l'Egliſe de Paris, & le Curé de Saint
Seuerin d'vne part: Et l'Abbé, Conuent de Saint Germain, & le Curé de Saint Sulpice de l'autre. Cela eſt-il
moins remarquable que ce qu'il eſcrit en pluſieurs endroits de ſon Ouurage, & principalement en l'an 1211.
*Anno eodem Philippus Rex magnanimus totam in circuitu
circumſepſit à parte Auſtrali vſque ad Sequanam fluuium ex
vtraque parte maximam terræ amplitudinem infra murorum am-
bitum concludens, & poſſeſſores agrorum & vinearum compel-
lens, in terras illas & vineas, ad ædificandum in eis nouas domos &
habitatores locarent, vel ipſimet nouas ibidem domos conſtitue-
rent, vt tota ciuitas vſque ad muros plena domibus videretur,
ſed & alias ciuitates, oppida & municipia regni muris & turri-
bus inexpugnabilibus muniuit. Mira & laudanda juſtitia principis, licèt de jure ſcripto poſſet propter publicum regni commodum in alieno fundo muros erigere & foſſata ipſe tamen juri
præferens æquitatem, damna ſua, quæ per hoc homines incur-
rebant, de fiſco proprio compenſabat.* La Sentence arbitrale
eſt-elle donc moins conſiderable, pour releuer la pieté
& la juſtice du Roy, que le détail de toutes ces choſes.
Il eſt bien vray, qu'il ne dit pas, que le Roy ait recom-
penſé les Moines de Saint Germain, mais il ne le pouuoit
pas dire, parce que la Charte de Childebert contenant
la fondation du Monaſtere, n'eſtoit pas encore ſi bien re-
connuë pour veritable à Paris, comme elle a eſté puis
aprés.

Rigord parle auantageuſement de Pierre Eueſque
de Paris, en pluſieurs endroits de la vie du Roy. En l'an

1208. en l'an 1209. & en l'an 1213. Et neantmoins il ne tefmoigne point qu'il ait veû ou bien oüy parler de cette Sentence arbitrale, qui fait aujourd'huy tant de bruit.

Ce mefme Autheur efcrit en l'an 1213. de Frere Guerin comme d'vn excellent homme & d'vne telle maniere, qu'il s'eft mis dans l'occafion prochaine de parler de la Sentence arbitrale. Voicy fes paroles. *Cui* (Guillelmo Siluanectenfi Epifcopo) *fuccefſit frater Garinus, qui cùm eſſet frater profeſſus Hoſpitalis Hierofolymitani, Regis Philippi magnanimi ſpecialis Confiliarius effectus in aulâ regiâ propter prudentiam & incomparabilem confilij virtutem & alias animi dotes multiformes ita laudabiliter fe habebat, quòd quaſi fecundus à rege negotia regni inculpatè tractabat, & Ecclefiarum neceſſitudines tanquam vir literatus, ad plenum nihilominus omni ſtudio procurabat, libertates & priuilegia Ecclefiarum modis omnibus, quaſi fub chlamyde conſeruans indemnes.* N'eftoit-ce pas là vne occafion prefente & prochaine de dire quelque chofe de ce grand ouurage, où il auoit trauaillé ſi vtilement, pour eftablir vne bonne paix entre l'Eglife de Paris, & le Monaftere de Saint Germain.

Cét Auteur parle enfuite de Geoffroy Euefque de Meaux, qui auoit trauaillé en chef auec le Frere Guerin, & ne dit pas vn mot de la Sentence arbitrale, & ce qu'il efcrit de cét Euefque eft tres-confiderable. *Eodem tempore Gaufridus vir fanctiſſimus Meldenfis Epifcopus Epifcopatui ſimiliter renuntians in Monaſterio Sancti Victoris Pariſius diuinæ contemplationi fe arctiùs mancipauit. Qui inter alia fanctitatis opera, quibus viriliter infiftebat, abſtinentiam admirabilem & cunctis inauditam ſæculis obſeruabat. Omni anno in quadragefima & in Aduentu Domini ter tantùm in ſeptimana ci-*

bum , potum verò nunquam ſumere conſueuit. N'euſt-il pas mis au nombre de ſes bonnes œuures la Sentence arbitrale ?

Au reſte le ſilence de Rigord eſt fort confirmé dans l'Inuentaire mis entre les mains de Monſieur le Chancelier. On n'y en parle point juſques en l'an 1516. quoy qu'on y en parle d'vne façon fort corrompuë.

10. La confirmation de l'Eueſque & Chapitre de Paris eſt fort ſuſpecte , parce qu'ils affectent de dire des choſes dont il n'eſt point parlé dans la Sentence arbitrale. Voicy ce qu'ils diſent : *Petrus Dei gratia Epiſcopus, & Hugo Decanus , totúmque Capitulum Pariſienſe vniuerſis Chriſti fidelibus ſalutem in Domino. Ad notitiam vniuerſitatis noſtræ volumus peruenire , quòd cùm contentio eſſet inter nos & Archipresbyterum ſancti Seuerini ex vna parte , & Ioannem Abbatem & Conuentum Sancti Germani de Pratis , & Radulfum Presbyterum Sancti Sulpitij ex alia , ſuper jure Epiſcopali & jure Parochiali ſpirituali in territorio Sancti Germani de Pratis vltra paruum pontem , ſiue ſit ædiſicatum ſiue ædificandum , vſque ad Burgum Sancti Germani , tandem mediante bonorum virorum induſtria pro bono pacis compromiſimus ſub pœna ducentarum marcharum , in diſcretos viros Dei gratia Meldenſem Epiſcopum , & Fratrem Garinum de domo Domini Regis , & Magiſtrum Michaëlem Decanum Sancti Marcelli Pariſienſis ratum habituri & firmiter ſeruaturi , quidquid ipſi inter nos ſtatuerint bona fide. Ipſi verò conſideratis circunſtantiis & auditis rationibus hinc inde propoſitis , & veritate pleniùs intellecta ita pro bono pacis præſentibus partibus ſuum arbitrium protulerunt.* On a laiſſé quatre fautes dans le texte (à ſçauoir *Parienſe* pour *Pariſienſe* , *noſtræ* pour *veſtræ* , l'omiſſion de *Gaufridum* , & *Parienſis* pour *Pariſienſis*) attendu que le

Compulſoire de l'an 1618. porte, *Extraict & collationné de mot à mot ſur ſon Original eſtant en parchemin.* Qu'eſt-ce que cela veut dire en matiere de compromis ſur vne telle affaire , *on a conſideré des circonſtances , & on a entendu des raiſons proposées de part & d'autre.* Il faloit voir de bons titres, de bons priuileges , & puis entendre les raiſons qui en euſſent eſté bien déduites.

11.   Les Moines de Saint Germain ont tellement cor-rompu de temps en temps l'Hiſtoire d'Aimoin qui vi-uoit l'an 1000. en y fourrant la Charte de Childebert & le Priuilege de Saint Germain pour authoriſer ces deux pieces ; qu'on peut les ſoupçonner raiſonnablement d'auoir fait eux-meſmes cette tranſaction & cette Sen-tence arbitrale : Car ces deux pieces n'ont aucun verita-ble original , & toute l'autorité qu'on leur a donnée par le paſſé n'eſtoit appuyée que de cét Autheur, qui ſeroit toutefois le premier qui en auroit parlé , s'il eſtoit vray qu'il les euſt inſerées dans ſon Hiſtoire, comme elle eſt imprimée l'an 1602. Mais cette Hiſtoire ayant eſté re-ueuë & corrigée ſur les anciens manuſcripts de ſon au-theur, on en a retranché ces deux pieces & beaucoup d'autres choſes dans l'impreſſion de l'an 1641. Enfin ces Moines apres auoir ſuppoſé vn Acte touchant ce qui ſe paſſa en la Dedicace de leur Egliſe l'an 1163. ne laiſſent plus rien à douter de leur ſçauoir-faire en matiere de ti-tres & de priuileges. Cela ſoit dit ſans prejudice des autres titres & priuileges qui ont desja eſté examinez, & qui le feront cy-apres.

Examen de la confirmation de la Sentence arbitrale faite par Saint Louis.

CETTE piece merite bien d'eftre examinée à part: Elle a efté faite au jugement des Moines, fur le point de l'embarquement de Saint Louïs, comme vne efpece de codicille teftamentaire, auquel on n'oferoit toucher, non plus qu'à vne chofe fainte & facrée. Cette piece eft dans le Compulfoire de l'an 1618. & marquée dans l'Inuentaire des titres & papiers mis és mains de Monfieur le Chancelier de France. Voicy ce qu'il faut examiner : *Actum Matifcon. anno Domini millefimo feptuagefimo menfe Aprili :* Or Saint Louïs n'eftoit plus en France le mois d'Auril de l'an 1270. il eftoit party pour fon voyage d'Afrique.

1. Dans l'Inuentaire du Threfor des Chartes du Roy, layette Champagne, Charte 15. *Lettre de Raoul Euefque d'Albe, Legat du faint Siege Apoftolique, à l'Abbé du Monaftere de Hautiuilliers Diocefe de Reims, par laquelle il luy donne charge de contraindre les Croizez pour le voyage de la Terre Sainte, & ceux qui ne pourront faire le voyage, d'y contribuer de leurs moyens, entant qu'en eux fera, & pour ceux qui pourront faire le voyage, de fe tenir prefts dans le mois prochain que le Roy doit s'embarquer auec fes fils. A Paris 1269. Iuin.*

Guillaume de Nangis Moine de Saint Denis & Autheur contemporain, au liure De geftis fancti Ludouici Francorum Regis : *Rebus itaque de more difpofitis anno Domini M. CC. LXIX. die Martis poft feftum Apoftolorum Petri & Pauli, audita miffa in aurora circa ortum folis, Rex intrauit mare, & cum domino Petro filio fuo nauem propriam afcen-*

dit. Dominus Philippus ejus primogenitus cum vxore sua ascendit aliam. Comes Atrebati cum vxore, & Comes Niuernensis similiter naues proprias ascenderunt. Sicque tota die & nocte permanentes die Mercurij subsequenti paullo post ortum solis velum fecerunt istæ quatuor naues supradictæ, & tota die cum illa die Iouis subsequente cum vento satis prospero siglauerunt.

3. La grande Chronique de Saint Denis, en la mesme année 1269. *Ou mois de Mars le bon Roy Lois meust pour aller outremer, s'en alla par Bourgongne tout droit à Clugny. Et vn peu apres; tantost apres ces choses le Roy entra en sa nef le Mardy d'apres la feste de Saint Pierre & de Saint Paul Appoustres,* & le reste à peu prés comme dans Nangis.

4. Iean Religieux de Saint Victor de Paris, qui a vescu du temps de Philippe le Bel, In memoriali historiarum : *Hoc anno 1269. in die Martis post festum Apostolorum Petri & Pauli omnibus in portu Aquarummortuarum paratis circa ortum solis intrauit (Rex) cum prædictis filiis suis nauem suam,* & le reste qui est dans Nangis.

5. La Chronique de Roüen 1269. *Hoc anno circa Lætare Ierusalem, arripuit iter Ludouicus Rex Franciæ cum tribus filiis suis, & infinita multitudine militum versus terram Hierosolymitanam, sed mutato consilio applicuerunt versus terram Tunetorum.*

6. Robert Guaguin dans l'Histoire des Rois de France: *Classe igitur apud Aquas-mortuas parata Rex cum tribus filiis suis Philippo, Ioanne, atque Petro anno Christianæ gratiæ* M.CC.LXIX. *exercitum eduxit.*

7. Nicoles Gilles dans les Chroniques & Annales de France, en la vie de S. Louïs, *Quand les nauires & victuailles, & tout l'ost du Roy S. Louis fut appresté au lieu d'Aiguemories,*

se mit en mer le Mardy apres la feste de Saint Pierre, & de Saint Paul audit an 1269.

8. François de Belleforest dans le liure 4. des Annales de France : *L'an* 1269. *tous les Seigneurs donc arriuez à Aiguemortes le Roy monta sur la mer sur la fin du mois de Iuin.*

9. Le Pere Iacques Gourdon dans sa Chronologie anno 1269. *Armati Franci, Angli, Arragonÿ aggrediuntur bellum sacrum. Anglus cum suis peruenit in Syriam, Carolus Siciliæ Rex fratri suo Ludouico persuasit vt solueret in Africam firmius regnum suum fore sperans opibus Africanis euersis.*

10. Le Pere Denis Petau dans le liure 9. de la premiere partie de son abregé des temps : *sed vehementioribus in dies propagandæ Religionis accensus stimulis, quasi prior ex voto successisset, nouam contra Saracenos in Africam expeditionem obiit anno* 1269.

11. Le Pere Pierre de Saint Romuald dans son thresor Chronologique : *Cette année* (1269.) *le Roy se croisa pour la seconde fois,* &c.

Si Saint Louïs s'embarqua au jour, mois & an que marquent tous ces Historiens, il n'a pû estre à Mascon le mois d'Auril de l'an 1270. pour y confirmer la Sentence arbitrale. C'est donc icy vne marque de faussetè visible.

Il y a d'autres Historiens qui mettent l'embarquement de Saint Louïs le premier jour de Mars, en l'an 1270.

1. Paul Emile de gestis Francorum in sancto Ludouico : *Duumviros gubernando Regno proficiscens instituit, Simonem Neellam, & Matthæum Vindocinatem, illum è proceribus*

ceribus, hunc templi Dionyſij Antiſtitem è Maſſiliæ portu ſoluit cum tribus liberis Philippo, Ioanne, & Petro, anno ejus ſæculi ſeptuageſimo Calendis Martij.

2. Iean du Tillet en ſa Chronique Latine : *anno Chriſti* 1270. *Diuus Ludouicus cum tribus filiis Calend. Mart. ſoluit Maſſilia, in Africam trajecturus.*

3. Laurent Surius en la vie de Saint Louïs : *Itaque anno Domini* 1270. *Calendis Martij Ludouicus Rex Chriſtianiſſimus nihil fractus ſuperiorum temporum laboribus & expenſis, quas in priori expeditione fecerat, cum tribus liberis Philippo, Ioanne, & Petro è Maſſiliæ portu ſoluit.* On attribuë cecy à Surius, parce qu'il l'a mis dans la vie de Saint Louïs faite par Geofroy de Beaulieu ſon Confeſſeur, qui n'a point marqué ni le jour, ni l'année, & il a ſeulement marqué le lieu de l'embarquement, qui n'eſt pas Marſeille, mais Aiguemortes, dont il ne faut pas douter.

4. Bernard de Girard du Haillan au liure 11. de l'Hiſtoire de France : *Le Roy Louïs laiſſa la regence & gouuernement de ſon Royaume à Simon de Neelle & à Matthieu de Vendoſme Abbé de Saint Denis, & prit le chemin de Marſeille, de là il s'embarqua au mois de Mars l'an* 1270.

5. Abraham Bzouius au tome 2. de ſes Annales Eccleſiaſtiques en l'année 1270. *Rex ſanctus conuocato ex toto Regno priùs Concilio, conditóque teſtamento, ac regni adminiſtratione cuſtodiáque Simoni de Neella, Dionyſianóque Abbati Matthæo Vindocinenſi permiſſa, claſſe apud Aquas mortuas parata cum tribus ſuis liberis Philippo, Ioanne, atque Petro anno Chriſtianæ ſalutis* 1270. *Calendis Martij Maſſilia ſoluit.*

6. Henry de Sponde Eueſque de Pamiers, dans ſes Annales Eccleſiaſtiques, ad annum 1270. *Ludouicus*

Calendis Martiis Maſſilia ſoluit.

7. Le Pere Philippe Labbe dans l'Eloge Hiſtorique de Saint Louïs: *Le Roy Saint Louïs deuant que s'embarquer à Marſeille, au mois de Mars de l'an 1270. pour ſon ſecond voyage d'Outremer, laiſſa le gouuernement de ſon Royaume à Matthieu Abbé de Saint Denis, & à Simon Seigneur de Neelle.*

8. Odoricus Raynaldus dans ſes Annales Eccleſiaſtiques en l'an 1270. *Ingreſſus mare Calendis Martij, atque alto inuectus, cùm eſſet tempeſtate claſſis jactata, ac maxima cum difficultate ad Calaritanum Sardiniæ portum appulit.* Or quoy que cette ſeconde opinion ſoit moins vray-ſemblable que la premiere, qui eſt des Autheurs contemporains, & approchans du temps de la choſe faite ; neantmoins elle ne laiſſe pas d'eſtre contraire à la datte de la confirmation, de ſorte qu'on peut croire auec grande raiſon, que cette confirmation eſt fauſſe.

2. Enfin que cette Sentence arbitrale ſoit confirmée par Philippe Auguſte & par Saint Louïs, ou ne ſoit pas confirmée, il importe peu pour la cauſe. Il y a vn titre dans les Decretales, *De confirmatione vtili vel inutili.* Cette ſorte de confirmation n'a point empeſché, que les Moines n'ayent corrompu la Sentence arbitrale, pour y trouuer ce qui n'y eſtoit pas : d'où vient qu'ils ont bien jugé que la confirmation leur eſtoit inutile, ſinon peut-eſtre pour ce qui concerne la derniere clauſe : OMNIS VERO IVSTITIA SÆCVLARIS REMANEBIT ABBATIÆ SANCTI GERMANI IN PERPETVVM : Mais cette clauſe ne regarde point l'Eueſque de Paris, mais ſeulement le Roy ou ſon Procureur General, qui a l'intereſt du Roy & du public entre les

mains. Qui dit toute Iuſtice ſeculiere , comprend meſme la ſouueraine & Royale.

Examen de quelques pieces cottées dans l'Inuentaire mis és mains de Monſieur le Chancelier.

ON ſuiura icy l'ordre du temps.

1. La premiere piece eſt vn Acte de l'an 1290. par lequel l'Eueſque de Senlis dit qu'apres auoir veû les Priuileges de l'Abbaye de Saint Germain il y a conferé les ordres par le conſentement de l'Abbé. 1. Cét acte peut eſtre faux comme beaucoup d'autres pieces alleguées cy-deſſus. 2. Cét acte ne regarde point l'Eueſ-que de Paris, *Res inter alios acta eſt ;* & on s'eſtonne pourquoy on le produit, quand meſme il ne ſeroit pas faux. Mais on le produit faute de mieux. 3. Il eſt aſſez éuident que l'on a fait voir à l'Eueſque de Senlis de faux Priuileges, puiſqu'on ne les veut plus monſtrer.

2. La ſeconde eſt vne Lettre de l'Official de Paris à l'Official de Saint Germain, en datte de l'an 1297.

3. La troiſiéme eſt vne autre Lettre ſemblable en datte de l'an 1513.

4. Vne autre Lettre ſemblable de la meſme année.

5. Vne autre Lettre ſemblable de la meſme année.

6. Vne autre Lettre ſemblable de la meſme année. Toutes ces Lettres peuuent eſtre fauſſes , comme beaucoup d'autres pieces alleguées cy-deſſus. Outre cela toutes ces lettres n'ont pas eſté reconnuës , & par conſe-quent de nulle autorité en Iuſtice.

R ij

7. Vn Acte de Gerard Euefque de Paris , qui declare qu'allant en proceflion dans l'Abbaye de Saint Germain , & donnant la benediction au peuple , il ne pretend point nuire à l'exemption de l'Abbaye.

8. Trois Actes de Guillaume Euefque de Paris; l'vn de l'an 1462. l'autre de l'an 1464. & l'autre de l'an 1466. par lefquels *il declare , qu'encores qu'il aille officier en l'Abbaye de Saint Germain à la priere de l'Abbé & des Moines,il ne pretend faire aucun tort ,ny acquerir aucun nouueau titre ou pretexte contre les droits de ladite Abbaye.* Tous ces Actes peuuent eftre faux, comme beaucoup d'autres alleguez cy-deflus . *Qui femel fuit malus , in eodem genere femper præfumitur malus.* Pierre de Blois n'a-t-il pas aduerty le Pape Alexandre III. que *Falfariorum præftigiofa malitia ita in Epifcoporum contumeliam fe armauit, vt falfitas in omnium ferè monafteriorum exemptione præualeat ,nifi in decifionibus & examinationibus judex veritatis exactor diftrictiffimus intercedat.* De plus fi ces deux Euefques fe contentoient du pouuoir qu'ils auoient fur l'Abbé & les Moines, comme ils faifoient apparemment , ils ne fe font point fait de tort ni à leurs fuccefleurs par leur declaration, en difant qu'ils ne vouloient point y acquerir de nouueaux droits. Enfin les Moines abufent de ces actes en deux manieres.

La premiere eft, qu'il n'y auoit que la prefence de l'Euefque qui peuft excufer l'Abbé & les Moines, d'auoir contreuenu à la defenfe, que le Concile general de Latran où a prefidé Callifte II. a faite de chanter des Mefses publiques, c'eft à dire efquelles le Peuple affifte : *Interdicimus Abbatibus & Monachis publicas pœnitentias dare:*

infirmos visitare, & vnctiones facere, & missas publicas cantare.
L'Abbé & les Moines ne sçauroient produire aucun Concile ni aucun Pape, qui ait leué la defense faite par le Concile de Latran, auquel ils contreuiennent encores tous les jours, tant ils sont obeïssans aux Conciles & aux Papes.

La seconde est, qu'officier Pontificalement dans vne Eglise de Moines, pourroit bien peut-estre choquer la solitude qu'ils doiuent garder, mais non pas vne exemption quand ils en auroient. Parce qu'vne exemption n'empesche point le bien. C'est comme vne sauuegarde du Roy attachée à la porte d'vne metairie, pour empescher que les Gens de guerre n'y fassent du mal. Car s'ils y entroient pour faire du bien, on n'auroit aucun besoin de sauuegarde. La Messe qu'vn Euesque celebre dans vn Monastere ne peut faire que du bien ; Et neantmoins les Moines prennent des Actes de non-préjudice contre vne telle Messe, & protestent pardeuant Notaires, qu'elle ne leur pourra nuire ni seruir. Voilà vne belle conduite pour des Religieux.

Enfin, trois choses ou separées, ou jointes ensemble ont fait tomber ces Euesques dans le panneau des Moines de Saint Germain.

La premiere, le Priuilege de Saint Germain escrit en beau Ionc-Marin, & vidimé il y auoit soixante & trois ans, par Monsieur de Folleuille Preuost de Paris. Et comme tous les Moines n'auoient pas le don de lire ce Priuilege, on en fit venir vn aussi meditatif comme estoient anciennement les Solitaires de l'Isle de Caprée, & aussi syncere à peu prés que le Pere Iacques du Breüil.

Ce bon Religieux, qui luy feul pouuoit lire le Priuilege de S. Germain, le leut & fit entendre à Guillaume Euef-que de Paris, Que la volonté de S. Germain fon prede-ceffeur eftoit, de ne permettre jamais à aucun de fes fuc-ceffeurs de dire la Meffe Pontificalement dans le Mona-ftere, fans bailler vn Acte de non préjudice bien figné & bien feellé. Et parce que ce Guillaume furnommé Char-tier eftoit Normand, il adjoufta, que ceux de fa Nation auoient autrefois bruflé vn coffre plein d'Actes de non préjudice, lorfqu'ils faccagerent Paris du temps de Charles le Chauue.

La feconde, le fermon qu'Alexandre III. fit dans le Pré aux Clercs, aprés qu'il eut dedié l'Eglife de Saint Ger-main. C'eft ce fermon où Maurice Euefque de Paris ne put affifter, foit parce que l'Abbé Hugues auoit defen-du à fes Religieux de luy faire garder vne place, foit par-ce que Maurice ne fuft pas encore reuenu de la peur, qu'il auoit euë fe voyant contraint de fortir de l'Fglife de Saint Germain, quand le Pape Alexandre commença la ceremonie. Ce Sermon n'eft pas encore imprimé, mais on efpere, que Dom Luc Dacheri le fera impri-mer dans le premier *Spicilegium* qui paroiftra.

La troifiéme, la Sentence arbitrale, qu'on auoit peut-eftre desja reueuë, corrigée & augmentée, comme elle eft dans le Priuilege de Leon X.

Or maintenant on fouftient, qu'vn Acte de non pré-judice fondé fur ces trois chofes, ne peut eftre tiré à au-cune confequence. C'eft bien affez qu'il ait nuit felon le jugement des Moines à celuy, qui l'a donné. Et ce fe-roit vne chofe bien injufte, qu'vn homme feduit & trompé de la sorte, seruist à la conseruation des Indépendans d'vn Fauxbourg de Paris.

9. Deux Arrests du Parlement de Paris, l'vn de l'an 1376. l'autre de l'an 1403. rendus contradictoirement, entre l'Euesque de Paris & le Monastere de S. Germain, pour le renuoy de certains prisonniers. Si ces deux Arrests ne se trouuent point dans les Regiſtres du Parlement, on peut dire qu'ils sont faux, comme beaucoup d'autres pieces alleguées cy-dessus. Les Moines de S. Germain ne doiuent pas trouuer mauuais qu'on parle de la sorte. Il y a enuiron huit ans que leurs Confreres les Moines de Saint Clement de Craon, dans vn procés contre le Marquis de Rochefort Seigneur de ce lieu, oserent bien s'inscrire en faux contre vn Arrest, qui se trouue il y a plus de deux cens ans dans les Regiſtres du Parlement. Ils croyoient que les Regiſtres du Parlement eſtoient semblables aux Regiſtres de leurs Monaſteres.

En aprés ces Moines ont surpris la religion du Parlement, puisqu'ils n'ont aucun veritable Priuilege pour eſtablir vn Official, comme on a prouué cy-dessus.

PRIVILEGE DE LEON X.
Compulsé par les Moines de Saint Germain l'an 1618. & marqué dans le memoire juſtificatif, & dans le memoire inſtructif.

LEO Episcopus seruus seruorum Dei, venerabili fratri Guillelmo Episcopo Meldensi, Abbati Conuentario & Adminiſtratori, ac dilectis filiis Conuentui ac Religiosis Mona-

sterij Sancti Germani de Pratis prope Parisius , Ordinis Sancti Benedicti regularem vitam professis præsentibus & futuris in perpetuum salutem & Apostolicam benedictionem. Vacantibus sub regulari disciplina studio piæ vitæ Apostolici fauoris præsidium libenter impendimus , & in his quæ solidationem status necnon pacem & tranquillitatem eorum respiciunt , nos eis gratiosos & fauorabiles exhibemus. Hinc est,quòd nos vestris justis postulationibus annuentes Monasterium vestrum Sancti Germani de Pratis prope 'Parisius Ordinis Sancti Benedicti, in quo vos filij Conuentus & Religiosi diuino mancipati estis obsequio , quod proprij beati Petri juris extitit, ad exemplar felicis memoriæ Paschalis, Innocentij , Lucij, Eugenij, Anastasij, Alexandri, Lucij, Vrbani , Clementis , Celestini , Innocentij & Honorij prædecessorum meorum Romanorum Pontificum , sub beati & nostra protectione suscipimus , & præsentis scripti priuilegio communimus : imprimis siquidem statuentes vt ordo monasticus , qui secundùm Deum & S. Benedicti regulam in eodem Monasterio institutus esse dignoscitur,perpetuis ibidem temporibus inuiolabiliter obseruetur. Propterea quascunque possessiones ,quæcunque bona , idem Monasterium impræsentiarum justè & canonicè possidet , atque in futurum concessione 'Pontificum, largitione Regum vel Principum , oblatione fidelium , seu aliis justis modis præstante Domino poterit adipisci, firmiter vobis vestrisque successoribus, & illibata permaneant. Per præsentis itaque priuilegij paginam vobis vestrisque successoribus in perpetuum confirmamus , vt quæcunque libertas quæcunque dignitas priuilegio Sancti Germani , scriptis Childeberti , Lotharij & aliorum Regum Francorum vestro Monasterio relata est, eidem permaneat illibata. Adhæc volentes te, venerabilis frater Guillelme Episcope , Monasterium tuum honoris & gratiæ priuilegio decorare , ad instar eorundem prædecessorum

cessorum nostrorum Alexandri, Celestini, Innocentij, vsum mitræ
& annuli atque sandaliorum tibi, & per te successoribus tuis de
consensu Sedis Apostolicæ benigniter duximus indulgendum.
Præcipimus autem, vt chrisma, oleum sanctum, consecrationes
altarium, & ordinationes, & quæcunque vobis ex Pontificali
sunt instituto necessaria, à nullo Catholico Episcopo vobis vestrisque successoribus denegentur. sanè missas, ordinationes, stationes ab omni Episcopo, vel Clero Ecclesiæ Parisiensis in eodem
Monasterio præter voluntatem Abbatis vel Congregationis
fieri prohibemus. Nec habeant potestatem ibi aliquid imperandi, sed nec diuina ipsis officia interdicere, nec excommunicare,
nec ad Synodum vocare, aut Abbatem, vel Monachos, Presbyteros vel Clericos Ecclesiarum ipsius loci tribuimus facultatem. Adjicimus alia. Vt in Parochialibus Ecclesiis, quas extra burgum Sancti Germani tenetis, Presbyteri per vos eligantur, & Episcopo præsententur, quibus si idonei fuerint, E-
piscopus animarum curam committat, vt ei de plebis cura, de
rebus verò temporalibus ad Monasterium pertinentibus, vobis
respondeant. quod si facere fortè noluerint, subtrahendi eis temporalia, quæ à vobis tenent, liberam habeatis auctoritate A-
postolica facultatem. Auctoritate etiam Apostolica statuimus,
& vobis de consueta clementia & benignitate Sedis Apostolicæ
indulgemus, vt nullius Legationi, nisi à Latere Romani Pontificis specialiter fuerit delegatus, subjacere vel subesse amodò
debeatis. Nec alicui liceat obtentu Legationis ab Apostolica Sede
indultæ vos vel successores vestros, seu Monasterium vestrum,
vel Ecclesias, quæ infra burgum Sancti Germani sunt, vlla interdicti vel excommunicationis sententia prægrauare, vel super
vos vel Ecclesias dictas jurisdictionem aliquam exercere, nisi specialiter hoc fuerit à Romano Pontifice illi mandatum. Propterea

S

*compoſitionem quæ inter Monaſterium veſtrum, & ſanctæ me-
moriæ Guidonem quondam Senonenſem Archiepiſcopum ſuper
procurationibus, quas à nobis in quibuſdam villis petebat, rationabiliter interceſſit, ſicut proinde ac ſine prauitate facta eſt ac recepta & hactenus obſeruata, atque in inſtrumento exinde confecto plenariè continetur, iratum habentes auctoritate Apoſtolica
duximus confirmandam. Ad majorem autem euidentiam compoſitio-
nis ipſius reſcriptum illud de verbo ad verbum huic priuilegio duximus inſerendum, cujus tenor talis eſt: In nomine ſanctæ & indiuiduæ Trinitatis Guido Dei gratia Senonenſis Archiepiſco-
pus.* Et le reſte comme il eſt dans le Priuilege d'Innocent
III. cy-deſſus rapporté tout au long. Puis ſuit immediatement: *Deinde prohibemus, vt Monaſterij veſtri Monachos
vbicunque de mandato Abbatis habitauerint, nullus præter Romanum Pontificem vel Legatum ab eius latere miſſum abſque
ſpeciali mandato Eccleſiaſticæ Sedis, vel præter Abbatem, ad quem
cura & cuſtodia eorum pertinet, excommunicet, aut interdicat.
Obeunte verò N. ejuſdem loci Abbate, vel quolibet ſucceſſorum,
nullus ibi qualibet ſurreptionis aſtutia ſeu violentia præponatur,
niſi quem fratres communi conſenſu vel fratrum pars ſanioris
conſilij ſecundùm Dei timorem & ſancti Benedicti regulam, pro-
uiderint eligendum. electus autem vel à Romano Pontifice vel
à quo maluerit Catholico Epiſcopo munus benedictionis accipiat.
Sanè Noualium veſtrorum, quæ proprijs manibus aut ſumptibus colitis, ſiue de nutrimentis animalium veſtrorum nullus à vobis decimas exigere vel extorquere præſumat. Apoſtolica inſuper
auctoritate vobis duximus indulgendum, vt infra parochias Eccleſiarum ad jam dictum monaſterium pertinentes nullus oratorium, capellam vel Eccleſiam ædificari, aut cimiterium facere
ſine diœceſani Epiſcopi & veſtro conſenſu audeat, niſi fortè Tem-*

plarij aut Hoſpitalarij fuerint, quibus hoc Apoſtolicæ Sedis priuile-
giis indultum fuiſſe noſcatur: paci quoque & tranquillitati ve-
ſtræ Pontificali volentes prouiſione proſpicere, præſenti priuile-
gio duximus ſtatuendum, vt ſiquis terras ad vos de jure ſpectan-
tes, in quibus portionem habetis, vel campos donatione aut ven-
ditione, ſeu quolibet alio donationis titulo in aliam Eccleſiam,
vel religioſa loca tranſtulerit, Eccleſiis aliis vel locis religioſis vl-
tra annum & diem eas ſine aſſenſu veſtro liceat retinere, ſed jux-
ta conſuetudinem Gallicanarum Eccleſiarum talibus perſonis,
pretio, ſeu dono, concedant, quæ vobis, & Monaſterio veſtro jura
veſtra cum integritate perſoluant. Decernimus inſuper quòd Re-
ctores parochialium Eccleſiarum quæ ſunt extra burgum, in qui-
bus ab antiquo decimas percipitis ac percipere conſueuiſtis, qui
Epiſcopo de animarum cura reſpondere debent, conſueta por-
tione canonica illis à prædeceſſoribus veſtris ab antiquo vſque
in præſentem diem ſolui conſueta contentari tenentur; ita quòd
propter augmentum hujuſmodi decimarum vltra conſuetam por-
tionem prædictam nihil à vobis petere aut exigere poſſint aut de-
beant. Quòd ſi contingat aliquas Eccleſias ſeu Capellas infra li-
mites veſtrarum Parochialium Eccleſiarum de Ordinarij loci &
veſtro aut ſucceſſorum veſtrorum conſenſu conſtructas & impoſte-
rum forſan conſtruendas in parochiales Eccleſias erigi, rectoribus,
ſi de nouo erectarum parochialium Eccleſiarum, & canonica por-
tione ex dictis decimis prouidere minimè teneamini: ſed antiqui pa-
rochialium Eccleſiarum rectores hujuſmodi canonicam portionem
à vobis prout ante hujuſmodi erectionem duntaxat percipiant. de
terris verò & poſſeſſionibus vobis & dicto veſtro Monaſterio ſpe-
ctantibus in locis & dominiis, in quibus ab antiquo & nunc etiam
decimas percipere conſueuiſtis, & percipitis, conſiſtentibus, quæ
de hominum memoria antea cultæ non fuerunt, quas forſitan con-

tinget in posterum ad censum annuum dari, & ad culturam re-
digi, nullus præter vos decimas petere aut exigere præsumat: Sed
illas volumus ad vos & dictum Monasterium integrè perpetuò
spectare, pertinere, ac per eosdem rectores & quoscunque alios
desuper molestari non posse. Cùmque Noualium, quæ manibus
propriis excolitis, nullus extorquere ac petere debeat decimas,
declaramus Noualium nomine censeri etiam terras, quas ab anti-
quo tenetis, quocunque genere fructuum colantur manibus pro-
priis aut sumptibus vestris: ita quòd de illis nullus decimas extor-
quere præsumat.

Demum arbitralem sententiam dudum inter tunc Episcopum
Parisiensem, & Abbatem & Conuentum dicti Monasterij super
jurisdictione spiritali & territorio Episcopali dicti Monaste-
rij super quibus se inuicem molestabant, per arbitros ad id tunc
deputatos latam, & per Capitulum Ecclesiæ Parisiensis & au-
ctoritate Apostolica confirmatam, per quam decreti & designati
sunt fines & limites jurisdictionis spiritalis & territorij dicti
Monasterij, à quibus omnino excluderetur, & esset alienus E-
piscopus Parisiensis, à cujus jurisdictione spiritali, atque Epi-
scopali territorium dicti Monasterij esset exemptum, & dictorum
Abbatum & Conuentus jurisdictioni spiritali & Episcopali
duntaxat spectaret & pertineret, prout latiùs in dicta sententia
& illius confirmatione continetur. Pro illius substantia firmiori
confirmantes & approbantes, decernimus etiam Abbatem &
Conuentum præfatos in dicto suo Monasterio, quod infra dictos
fines situatur, & alibi infra dictos limites quoscunque actus E-
piscopales & spirituales exercere posse ac deberi, exercerique po-
tuisse & deberi, videlicet ea quæ jure vel ex priuilegio Apostoli-
co sibi sunt concessa, & quæ sunt jurisdictionis & ordinis Epi-
scopalis, & per priuilegia non sunt ei concessa per quemcunque

Episcopum gratiam & communionem Apostolicæ Sedis habentem, quem Abbas pro tempore existens duxerit eligendum. quæ deni-que jura edita super locis exemptis , in quibus possunt diœcesani & Metropolitani in illis benedicere, aut aliud facere non intel-ligantur; nec extendantur ad dictum Monasterium , nec infra dictos fines & limites, in quibus vt dicitur tam ab antiqua pri-mæua fundatione, quàm per hujusmodi sententiam, sicut præfer-tur, confirmatam dicti Abbas & Conuentus suum habent terri-torium, in quo exercent & exercere consueuerunt suam juris-dictionem spiritalem & Episcopalem , nonobstantibus præsen-tis Lateranensis Concilij ac quibusuis aliis constitutionibus & or-dinationibus Apostolicis , statutis quoque & consuetudinibus juramento confirmatis , Apostolica vel quauis firmitate alia roboratis, priuilegiis quoque & jndultis Rectoribus Parochia-lium Ecclesiarum prædictarum , & aliis quibusuis personis , concessis, confirmatis & innouatis, quibus illorum tenores, pro sufficienter expressis & insertis sententiæ, illis aliàs in suo robo-re permansuris , hac vice duntaxat harum serie specialiter ex-pressè derogamus constitutionibus quibuscunque. Decernimus ergo vt nulli omnino hominum liceat præfatum Monasterium vllo tem-pore perturbare, aut ejus possessiones auferre vel ablatas retine-re voluerit, seu quibuslibet vexationibus fatigare, sed omnia in-tegra conseruentur, eorum pro quorum gubernatione ac sustenta-tione concessa sunt, vsibus omnimodè profutura, saluâ Sedis A-postolicæ auctoritate. Si qua igitur in futurum Ecclesiastica sæ-cularisve persona hanc nostræ constitutionis paginam sciens con-tra eam temerè venire tentauerit, secundò tertió-ve commonita, nisi reatum suum congruâ satisfactione correxerit, potestatis, ho-norisque sui dignitate careat, reúmque se de perpetrata iniquitate cognoscat, & à sacratissimo corpore & sanguine Dei ac Domini

Redemptoris noſtri Ieſu Chriſti aliena fiat, atque in extremo examine diſtrictæ vltioni ſubjaceat. Datum Romæ apud ſanctum Petrum anno Incarnationis Dominicæ milleſimo quingenteſimo decimo ſexto, XIII. *Cal. Martij Pontificatus noſtri anno quarto.*

Et plus bas eſt ſigné Bembus, & ſur le dos contreſeel, & au dos ſont écrit ces mots, Apud me Bembum.

Le Compulſoire porte, *que le contenu cy-deſſus écrit, eſt extraict & collationné à ſon Original, eſtant en parchemin.* Mais il a eſté mal collationné, ſi ce n'eſt que l'Original ſoit mal correct.

Examen general de ce Priuilege. queſtion de droit.

1. ON ſuppoſe que ce Priuilege eſt veritable, & on dit en ſuite, qu'il contient des choſes qui ſont manifeſtement contre le droit commun. Il eſt donc neceſſaire ſelon la Iuriſprudence de la Cour de Rome, confirmée par tous les Docteurs, deuant & apres le temps de Leon X. que ce Priuilege ſoit reputé faux ou ſubreptice, puiſqu'il n'y a aucune clauſe, par laquelle ce Pape déroge à deux Conciles generaux, à celuy de Calchedoine, & à celuy de Latran tenu ſous le Pape Calixte I I. Et il n'y a pas de doute, que ſi le Pape Honoré I I I. eſtoit conſulté là deſſus par l'Eueſque de Paris, il ne luy reſpondiſt ce qu'autrefois il a reſpondu à l'Eueſque de Vennes : *Cùm autem id obuiet* Calchedonenſi & Lateranenſi Conciliis, *de quibus nulla eſt mentio* in Leonis X. priuilegio, *fraternitati tuæ breuiter reſpondemus, quòd hujuſmodi priuilegium ab Apoſtolica Sede non credimus emanaſſe: quòd ſi per*

occupationem forsitan emanauerit , nolumus per hoc derogari
Conciliis supradictis.

2. Cette clause dérogatoire speciale est encore necessaire, parce que c'est vn priuilege exorbitant : jamais
on n'en a veû vn semblable, ni conceû en mesmes termes, à sçauoir qu'on donne à des Moines l'exercice tout
entier de l'autorité spirituelle & Episcopale , & sans aucune reserue.

3. Cette clause est encore necessaire, de peur que Leon
ne semble destruire par son Priuilege l'Episcopat, qui est
establi dans les Escritures, & confirmé par les Conciles,
dont le S. Siege est executeur, ainsi que le Pape Gelase parle en vne Epistre, qu'il écrit aux Euesques de Dardanie.
Quibus conuenienter ex paterna traditione perpensis confidimus,
quòd nullus jam veraciter Christianus ignoret , vniuscujus-
que Synodi constitutum , quod vniuersalis Ecclesiæ probauit as-
sensus , non aliquam magis exequi Sedem præ ceteris oportere,
quàm primam.

4. Cette clause est encore necessaire, parce que le
Pape ne dit aucune raison, ni du costé de l'Euesque de
Paris, ni du costé des Moines, pour laquelle il accorde
vn priuilege , qui destruit le droit commun, confirmé
par vne infinité de Canons ; & cependant Innocent III.
prononce de la part du Saint Siege , *quòd in talibus eui-*
dens vtilitas & vrgens necessitas secundùm instituta canonum so-
lent & debent attendi. C'est au liure 1. en l'epistre à l'Euesque de Faenza.

C'est ainsi que par l'omission de la clause dérogatoire
on prend droit contre les parties, suiuant la Iurisprudence d'vne Cour qui est tres-fauorable aux Moines. Neant-

moins l'expreſſion de cette clauſe ſeroit manifeſtement abuſiue en ce rencontre, parce qu'elle ſeroit contre la Iuriſprudence du Saint Siege, & de l'Egliſe Gallicane. Toutes les reflexions cy-deſſus faites, font voir que ce Priuilege doit eſtre de nulle conſideration pour eſtablir les pretentions des Moines de Saint Germain.

Examen particulier de ce meſme Priuilege. queſtion de fait.

ON ſuppoſe encore que le Priuilege eſt veritable, mais qu'il eſt tout à fait ſubreptice.

1. L'Abbé & les Moines de ſaint Germain ne demandent point au Pape Leon ni l'exemption de la juriſdiction ſpirituelle de l'Eueſque de Paris, ni le pouuoir d'eſtablir vn Eueſché dans le Fauxbourg, mais ſeulement la protection du Saint Siege. Le Pape accorde à l'Abbé & aux Moines ce qu'ils demandent, & ce qu'ils ne demandent point. Il leur accorde la protection du Saint Siege, ce qui n'eſt point contraire aux Canons; & puis il leur accorde deux choſes contraires aux Canons, & à la tradition du Saint Siege.

2. Les Moines ne demandent qu'vne choſe juſte, & le Pape en donnant cette choſe qui eſt juſte, il en donne deux qui ſont injuſtes.

3. Le Pape Leon dit qu'il expedie ſon Priuilege, *ad exemplar felicis memoriæ Paſcalis.* Or le priuilege de Paſcal eſt non ſeulement faux, mais qui plus eſt, il combat la veritable doctrine de ce Pape, comme on a monſtré, tant dans l'examen general, que dans l'examen particulier du Priuilege de ce Pape.

4. Le

4. Le Pape continuë, & dit, *ad exemplar felicis memo-ria Innocentij, Lucij, Eugenij, Anaſtasij, Alexandri, Lucij, Vrbani, Clementis, Celeſtini, Innocentij, & Honorij.* Or eſt-il qu'Innocent III. Luce III. Eugene III. Anaſtaſe IV. Alexandre III. Luce III. Vrbain III. Clement III. Cele-ſtin III. Innocent III. font dans des ſentimens tout con-traires à ce Priuilege, comme on a monſtré cy-deſſus.

5. Pour Honoré III. il a bien confirmé à ce qu'on pretend la Sentence arbitrale; mais il n'a donné aucun priuilege ſemblable à celuy de Leon. Enfin il n'en a point donné du tout, pour le moins on n'en produit point. Il faut remarquer icy que dans l'examen de la Sentence arbitrale, on confond quelquefois Sentence arbitrale, compromis & tranſaction, tant parce qu'ils conuiennent en beaucoup de choſes, que parce que les Moines les confondent dans le Compulſoire, & ailleurs.

6. Le Pape Leon ordonne, que l'Ordre Monaſtique qui eſt eſtably par la Regle de Saint Benoiſt, ſera gardé inuiolablement dans le Monaſtere de Saint Germain. Cela eſtant il faut rejetter l'exemption de la juriſdiction ſpirituelle des Eueſques; & cependant Leon en donne vne dans ſon priuilege; quelle contrarieté! De plus on ne void ni Official, ni Grand Vicaire dans les Monaſte-res, où la Regle de Saint Benoiſt eſt inuiolablement ob-ſeruée, on n'y parle pas d'y exercer des fonctions Epiſco-pales, qui ne s'accommodent point auec la ſolitude, que doiuent garder des Moines bien appellez de Dieu dans vn eſtat, qui ne fait que des Saints, quand il eſt inuiola-blement gardé.

7. Le Pape tranſcrit le Priuilege qu'Innocent III. a

donné à l'Abbé de Saint Germain , par la plus grande
surprise du monde , ainsi qu'il a esté monstré cy-dessus.

8. Il autorise la Sentence arbitrale en la maniere que
les Moines de Saint Germain l'auoient corrompuë : &
cette corruption est insupportable, comme il paroist en
conferant ce qui est dans ce Priuilege, auec la Sentence
arbitrale rapportée cy-dessus.

9. Si Leon X. donnoit quelque exemption de nouueau aux Moines de Saint Germain , cette exemption
seroit nulle par la disposition du Concile de Constance,
où le Pape Martin V. prononce en la session XLIV. Sacro approbante Concilio : *Insuper non intendimus exemptiones de cetero facere , nisi causâ cognitâ, & vocatis , quorum
interest.* Il ne paroist point dans ce Priuilege pourquoy
on y donne les exemptions qui s'y pourroient rencon-
trer de nouueau; & on n'y a point appellé les parties in-
teressées, à sçauoir l'Eglise & l'Euesque de Paris : joint à
cela qu'il n'y a point de clause dérogatoire au Concile
de Constance, & quand il y en auroit , & qu'elle fust à
perpetuité, elle seroit abusiue, selon la Iurisprudence du
saint Siege, & de l'Eglise Gallicane , comme il est amplement expliqué dans l'examen general du Priuilege de
Saint Germain.

10. La derniere clause, *si qua igitur ,* &c. est prise ou
du faux priuilege de Pascal II. ou du priuilege subreptice d'Innocent III. mais en quelque lieu qu'elle se trouue,
elle est insoustenable, & rend les Priuileges sujets à l'appel comme d'abus, comme il a esté monstré dans l'e-
xamen particulier du priuilege de Pascal II.

Outre ces raisons cy-dessus déduites, dont quelques-

vnes pourroient feruir à prouuer la fuppofition du priuilege, on en peut adjoufter quelques autres, qui la conuaincront entierement.

La premiere eft prife de certains endroits du priuilege, comme lors que Leon dit que le territoire du Monaftere eft Epifcopal, *fuper jurifdictione fpirituali & territorio Epifcopali dicti Monafterij*. Iamais aucun Pape n'a parlé de cette maniere, non plus que de celle-cy : *Dicti Abbas & Conuentus fuum habent territorium, in quo exercent &
exercere confueuerunt jurifdictionem fpiritualem & Epifcopa-
lem, nonobftantibus præfentis Lateranenfis Concilij, & quibuf-
uis aliis conftitutionibus*. Eft-ce que le Concile de Latran
auoit defendu à l'Abbé & au Conuent des Moines de
Saint Germain, d'exercer la jurifdiction fpirituelle &
Epifcopale, & que nonobftant la defenfe du Concile,
l'Abbé & le Conuent auoient paffé outre ? De plus, jamais aucun Pape n'a dit, que des Abbez & des Moines
exerçaffent la jurifdiction fpirituelle & Epifcopale dans
leurs territoires.   Enfin Leon pofe icy vn fait, *exercent
& exercere confueuerunt*, qu'il n'euft jamais non feulement
pofé, parce qu'il ne peut eftre pofé, mais auffi parce qu'il
eft contredit par l'Inuentaire, où il n'y a aucun acte fait
auparauant le temps de Leon, ni de fon temps, par lequel il paroiffe, que l'Abbé & le Conuent exerçaffent
la jurifdiction fpirituelle & Epifcopale. Qui plus eft, les
Moines mefmes qui ont fait l'inuentaire, ont bien jugé
que ce priuilege de Leon eftoit faux, parce qu'ils n'euffent pas manqué de fe feruir des termes de jurifdiction
fpirituelle & Epifcopale ; ils ne s'en font point feruis, fe
contentant de dire qu'ils auoient *vne Iurifdiction comme
Epifcopale*.   T ij

La seconde est prise de la clause, *Si qua igitur in futurum Ecclesiastica sæcularisve persona :* Iamais Leon X. ne s'en est [...] dans aucune Constitution, Priuilege ou autre sorte [...] criture, quoy qu'il y en ait vn grand nombre dans le [...] aire. Il y auoit plus d'vn siecle, qu'on ne s'en seruoit plus, c'est à quoy les Moines qui ont fabriqué ce Priuilege, n'ont pas pris garde.

La troisiéme est vne certaine affectation de mettre au dos du Priuilege, *Apud me Bembum :* On ne trouuerra jamais dans le Bullaire aucune Constitution, Priuilege ou Rescript, au dos duquel Bembus, qui estoit Secretaire de Leon, ait escrit, *Apud me Bembum :* Outre cela Bembus estoit trop habile pour dresser vne si mauuaise piece.

La quatriéme est, que ce Priuilege n'est point ni dans le Bullaire, ni dans le Concile de Latran indiqué par le mesme priuilege, *nonobstantibus præsentis Lateranensis Concilij constitutionibus.* Voilà vne demonstration de fausseté.

La cinquiéme est, que Leon X. s'estant proposé d'imiter Leon I. n'eust jamais donné vn priuilege, qui fust si opposé à la conduite, & à l'esprit de Saint Leon. Voicy comment il parle du dessein qu'il auoit formé d'imiter S. Leon. C'est en la session 11 du Concile de Latran, dans la constitution qui commence, *Pastor æternus. Et sicut,* dit-il, *piæ memoriæ Leo Papa I. prædecessor noster, cujus in eo libenter quoad possumus, vestigia imitamur,* &c. Auroit-il dans le mesme Concile estouffé l'esprit de Saint Leon, qui maintient que la paix de l'Eglise dépend de l'obseruance des Canons qui se font dans les Conciles, & que ces

Canons ſont ſi fermes, qu'ils ne tomberont qu'auec la
terre: c'eſt dans l'epiſtre 53. à Anatolius Eueſque de Conſtantinople, chap. 3. *Nimis ergo hæc improba, nimis ſunt praua,*
quæ ſacratiſſimis Canonibus inueniuntur eſſe contraria. Et plus
bas au chap. 4. *Sancti illi & venerabiles Patres, qui in vrbe*
Nicæna ſacrilego Arrio cum ſua impietate damnato manſuras
vſque in finem mundi leges Eccleſiaſticorum Canonum condide-
runt, & apud nos & in toto orbe terrarum in ſuis conſtitutioni-
bus viuunt, & ſi quid vſpiam aliter, quàm illi ſtatuerunt, præ-
ſumitur, ſine cunctatione caſſatur, vt quæ ad perpetuam vtili-
tatem generaliter inſtituta ſunt, nulla commutatione varientur,
nec ad priuatum trahantur commodum, quæ ad bonum ſunt com-
mune præfixa; & manentibus terminis, quos conſtituerunt Pa-
tres, nemo in jus tendat alienum, ſed intra fines proprios atque
legitimos, prout quis valuerit, in latitudine ſe charitatis exer-
ceat. Dans l'epiſtre 62. à Maxime Eueſque d'Antioche,
chap. 4. *Hoc tamen proprium definitionis meæ eſt, vt quan-*
tumlibet numerus Sacerdotum amplior per quorumdam ſurre-
ptionem decernat, quod illis trecentorum decem & octo Patrum
conſtitutionibus inueniatur aduerſum, id juſtitiæ conſideratione
caſſetur. Quoniam vniuerſæ pacis tranquillitas non aliter poterit
cuſtodiri, niſi ſua Canonibus reuerentia intemerata ſeruetur.

Et certes il n'eſt pas ni poſſible ni croyable que Leon
X. ſe fuſt propoſé de ſuiure Saint Leon, & de faire puis
apres des démarches ſi contraires ? Autrement ce ſeroit
la plus grande illuſion, & la plus ridicule hypocriſie qui
fut jamais au monde.

On ne pourroit finir, ſi on vouloit rapporter tout ce
que Saint Leon a eſcrit touchant la neceſſité d'obſeruer
les Canons pour la paix de l'Egliſe. Mais on ne peut

passer fous filence, ce que ce S. Pape escrit en l'Epistre
63. à Theodoret chap.6. *De his verò quæ in supradicto Con-*
cilio illicita contra venerabiles Nicænos Canones præsumptione
tentata sunt, ad fratrem & Coepiscopum nostrum Antiochenæ
Sedis præsulem scripsimus: adjicientes & illud, QVOD NOBIS
PROPTER IMPROBITATEM MONACHORVM QVORVNDAM,
religionis vestræ verbo mandastis per Vicarios nostros, & hoc spe-
cialiter statuentes, vt præter Domini Sacerdotes nullus audeat
prædicare, SEV MONACHVS, SIVE SIT ILLE LAICVS, *qui cu-*
juslibet scientiæ nomine glorietur. Ce que les Moines de ce
temps-là ont attenté contre les Canons du Concile de
Nicée, les Moines de Saint Germain du temps de Leon
X. l'ont fait dans ce Priuilege, contre les Canons du
Concile de Calchedoine, qui les assujettit à la jurisdiction des Euesques : contre les Canons du Concile de
de Latran tenu sous le Pape Calliste II. qui leur defend d'administrer le Sacrement de Penitence, de dire
des Messes publiques, & autres choses rapportées cy-dessus. Et enfin contre les Canons des Conciles de l'Eglise Gallicane, qui vont à l'execution des Canons des
Conciles de Calchedoine & de Latran.

La sixiéme est, qu'il a esté aussi facile de supposer ce
Priuilege sous le nom de Leon X. dans le Monastere d'vn
Fauxbourg de Paris, comme il a esté facile de supposer à
Rome mesme vn Priuilege sous le nom de ce mesme Pape.
Par lequel il donne pouuoir aux Religieux de s'assembler
à la Minerue contre le Pape mesme, lors qu'il voudra
choquer leur interest. Bzouius l'escrit dans le 19. Tome
de ses Annales Ecclesiastiques l'an 1516. auquel par vne
malheureuse correspondance, le Priuilege de S. Germain

a esté fabriqué, ou pour le moins datté. Voicy les paroles de Bzouius : *Leo vt ad manum Regulares vnitos haberet, qui Pontificiam auctoritatem & majestatem, séque etiam vnanimiter aduersus Episcopos tuerentur, edito super ea re diplomate, corpus quoddam, seu Congregationem Regularium omnium in vrbe instituit, quorum Superiorem ad cœnobium Mineruæ toties, quoties necesse haberent, in grauaminibus etiam à* SVMMO PONTIFICE *illatis vel inferendis conuenirent & deliberarent, & in commune decernerent, præsidente cœtui supremo Dominicanorum Magistro, qui moderator consiliorum esset. Extat Bulla in Archiuo Mineruæ.* Henry de Sponde Euesque de Pamiers se met en peine pour rejetter ce faux Priuilege, comme il feroit pour refuter la Fable de la Papesse Ieanne.

EXAMEN SOMMAIRE DES TITRES *posterieurs à ce Priuilege, alleguez dans l'Inuentaire mis entre les mains de Monsieur le Chancelier.*

1. ON a examiné cy-dessus tous les Titres de possession qui precedent l'an 1516. ils sont en petit nombre, il n'y en a que douze, pour justifier la possession de la jurisdiction spirituelle & Episcopale par l'espace d'onze cens ans, comme les Auteurs du Memoire instructif pretendent auoir. Or pour se rabatre à la possession de la jurisdiction comme Episcopale, de laquelle les Auteurs de l'Inuentaire se veulent bien contenter pour l'espace de quatre cens cinquante-cinq ans, à compter depuis l'an 1210. que la Sentence arbitrale a esté renduë, si

toutefois ils ne defiroient compter les onze cens ans de poffeffion depuis l'an 1210. de peur de fe contredire les vns les autres.

2. L'Inuentaire ne fournit que onze actes de poffef-fion , depuis l'an 1516. jufques en l'an 1616. l'efpace de cent ans. Deux Lettres de l'Official de Paris à l'Official de Saint Germain; l'vne de l'an 1517. l'autre de l'an 1521. Mais il ne paroift point qu'elles ayent efté reconnuës. Trois Arrefts du Parlement; deux de l'an 1537. où vn pri-fonnier contefté entre ces deux Officiaux eft renuoyé à celuy de Saint Germain: le troifiefme de Iuin 1561. où vn Maiftre d'Efchole eft renuoyé pardeuant l'Official de Saint Germain. Vn Acte de l'Euefque de Megare Pro-uince de Corinthe de l'an 1557. Vn Acte de l'Euefque d'Angoulefine de l'an 1574. Vn Acte de l'Euefque de Bay-onne de l'an 1581. Vn Acte de l'Euefque de Digne de l'an 1604. Vn Acte de l'Euefque (dont le nom eft en blanc) de l'an 1605. Vn Acte de l'Euefque d'Aix de l'an 1606. *fed res hæc inter alios acta eft.* Pendant tout ce temps-là, le faux Priuilege de Leon X. s'appriuoifoit, & acqueroit des années & de la force.

3. Depuis que ce Priuilege eft arriué à maturité en l'an 1616. & que les Moines Reformez font entrez dans le Monaftere de Saint Germain, l'Inuentaire fournit tren-te & vn Acte de poffeffion, & vne infinité d'autres que l'Inuentaire dit pouuoir eftre fournis par les Regiftres du Grand Vicaire & de l'Official.

4. On y a oublié vn grand Acte de poffeffion, qui fut fait vn jour, que le defunt Archeuefque de Paris, allant faire des Stations dans le Fauxbourg, & y faifant porter

la

la Croix deuant luy , vne troupe de gens fort vigoureux attaquerent la Croix de noftre Seigneur & celuy qui la portoit. L'Archeuefque fut contraint de fe fauuer : il n'y eut pas de fang refpandu, mais il ne s'en falut gueres : la partie n'eftoit pas efgale. Voilà le fruit des fauffes exemptions des Moines de Saint Germain.   Saint Bernard le plus faint de tous les Moines, qui ont jamais profeffé la Regle de Saint Benoift en France, l'auoit bien predit au liure III. de la Confideration au Pape Eugene chap. 4. *Quæ demum vtilitas in fanguine ifto? vereor ne illa , quam in Propheta comminatus eft Deus : Ille , inquiens, in iniquitate fua morietur : fanguinem autem ejus de manu tua requiram. fi enim extollitur, qui fubtrahitur, & cui fubtrahitur, vritur : qui fubtrahit, quomodo innocens ? parum eft, inuoluimus ignem : Audi apertius : Si is qui murmurat, fecundùm animam mortuus eft, qui inftigat, quomodo viuit? quomodo verò non reus mortis amborum & fua pariter qui gradum dedit, vnde ambo morerentur? hoc eft quod dixeram.   Occidifti & poffedifti.   Adde quòd qui audiunt, fcandalizantur, indignantur, detrahunt & blafphemant, hoc eft vulnerantur ad mortem. Non eft bona arbor faciens tales fructus , infolentias, diffolutiones, dilapidationes, fimultates, fcandala, odia, quódque magis dolendum eft inter Ecclefias, inimicitias graues, perpetéfque difcordias.*   Il faut pourtant excufer les pretendus exempts en ce rencontre : parce que la chofe n'alla pas jufques où elle alla autrefois dans vn Monaftere , dont Marius Euefque d'Auanche parle dans fa Chronique , l'an 24. d'aprés le Confulat de Bafile, enuiron l'an 565. de noftre Seigneur : *Hoc anno monachi Agaunenfes iracundiæ fpiritu incitati , noctis tempore Epifcopum fuum Agricolam cum Clero & ciues , qui cum ipfo erant, occi-*

V

dere nitentes, domum Ecclesiæ effregerunt, & dum Episcopum suum Clerici vel ciues defensare conati sunt, grauiter ab ipsis Monachis vulnerati sunt. Et quoy que les Moines de Saint Germain soient plus excusables en ce point, que les Moines, dont parle Marius; neantmoins ils ne sont aucunement excusables en vn autre: qui est, qu'ils ont manifestement contreuenu à la disposition du Concile de Vienne. Car encore qu'ils fussent veritablement exempts, ce qu'ils ne sont point, ils deuoient obeïr au Concile de Vienne, qui ordonne par la bouche du Pape Clement V. que *Archiepiscopo per quæuis loca exempta suæ prouinciæ facienti transitum, aut ad ea forsitan declinanti, vt crucem ante se liberè portari faciat, benedicat populo, diuina officia priuatim vel publicè ibidem audiat, & ea etiam in Pontificalibus celebret, & faciat in sua præsentia sine Pontificalibus celebrari, quouis priuilegio nonobstante, sacro approbante Concilio, præsentis constitutionis serie duximus concedendum: simili modo concedimus Episcopo, vt in locis eisdem suæ diœcesis possit populo benedicere, audire diuina officia, & ea etiam celebrare, & in sua præsentia facere celebrari: sic tamen quòd prætextu concessionis hujusmodi in locis ipsis exemptis, vel circa hoc priuilegiatis nullam aliam jurisdictionem idem Archiepiscopus vel Episcopus exerceat: nec personis exemptis vel priuilegiatis molestiam inferat, vel grauamen, nullúmque exemptioni vel priuilegiis eorundem aliud præjudicium generetur, nec ipsis Archiepiscopo vel Episcopo aliud quomodolibet acquiratur.* Les bonnes gens pretendoient que la Sentence arbitrale qui est vray-semblablement fausse, & veritablement falsifiée dans le Priuilege de Leon X. les mettroit à couuert du Concile de Vienne, qui a precedé de deux cens deux ans le Pontificat de Leon X.

Il eſt bien vray que Clement VIII. & la Congregation des Cardinaux eſtablie pour les Reguliers firent l'an 1603 vn decret, par lequel ils obligent les Reguliers & autres pretendus exempts, de receuoir dans les
Monaſteres les Eueſques, y allant dire la Meſſe Pontificalement, & de leur dreſſer vn baldachin, & en cas de re-
fus, ils ordonnent, que les Eueſques les y contraindront
par des Cenſures Eccleſiaſtiques. Mais ce decret *non tran-
ſiuit Tyberim,* à l'égard des Moines de Saint Germain des
Prez. Ils ne ſe ſoucient non plus (comme il a paru) du
Pape Clement VIII. & de la Congregation des Cardinaux, que de Clement V. & du Concile de Vienne.

5. Il y a pluſieurs Bulles, pour publier les Iubilez donnez par Innocent X. & Alexandre VII. qui vit encore.
Cela s'eſt pratiqué par l'entremiſe du Procureur General
de la Congregation de Saint Maur, qui demeure à Rome,
& qui ſçait bien le moyen de gouuerner les Officiers
de cette Cour là. Mais il n'y a point de Bulles pour publier les Iubilez donnez par Boniface VIII. & par Clement VI. & autres Papes juſques à Innocent X. Il y en
auroit pourtant ſans doute, ſi les Moines de Saint Germain auoient eu à Rome vn Procureur General, qui euſt
eu le pouuoir & le ſçauoir-faire du Procureur General de
la Congregation de Saint Maur. La Cour de Rome a
eſté tousjours diſpoſée à ſeruir les gens de bien ſemblables à ce Procureur; ſi on croit Pie II. dans vne Lettre,
qu'il eſcrit à Martin Meyer, Chancelier de l'Eueſque de
Mayence, & Hadrien VI. dans la Creance qu'il donna à
François Cheregat, en l'enuoyant auprés des Princes
d'Allemagne.

V ij

6. On ne peut paſſer ſous ſilence ce que l'Inuentaire fait dire au Pape Alexandre VII. dans vn Bref addreſſé au Prieur de l'Abbaye de Saint Germain *dépendante immediatement du Saint Siege :* C'eſt icy la plus grande obreption du monde, *ſuggeſta falſitas* par le R. Pere Procureur General. 1. *Enunciatiua non probant.* Il n'y a point de diſtinction à faire de l'*in antiquis.* Ce Bref eſt de l'année 1657. & le Pape Alexandre vit encore. 2. Le faux Priuilege de Leon X. ne le dit pas meſme, qui ſemble l'auoir dû dire. 3. Le Pape Alexandre VII. n'approuue point les exemptions, & l'a témoigné en pluſieurs occaſions & principalement dans le procés de la Canonization de François Eueſque de Geneue, où il rebuta auec indignation ceux qui la vouloient empeſcher, parce qu'il auoit eſcrit contre les exemptions dans ſes Lettres : comme il l'a dit luy meſme à Monſieur l'Eueſque de Soiſſons. 4. Le Pape Alexandre, qui eſt auſſi bien inſtruit de la tradition du Saint Siege, que d'vne infinité d'autres choſes, n'ignore point que ſa grandeur ne conſiſtoit pas à renuerſer les Canons, mais à les faire garder. *Ille* (dit Facundus au liure 11. chap. 6.) *non in deſtructionem paternæ ſententiæ, ſed potiùs in defenſionem atque vltionem primam accepit & maximam poteſtatem.* Il ſçait bien que Leon I. & Gregoire le Grand, ſouſtiennent que la paix de l'Egliſe ne ſe peut conſeruer, qu'en gardant les Canons de l'Egliſe. Il ſçait bien que le Pape Gelaſe proteſte, qu'il n'y a aucun Siege plus obligé à garder les Canons, que le premier. Il ſçait bien que le Pape Paſcal I I. dit que les priuileges ſont contre les meſchans pour edifier, & non pas pour deſtruire les Canons. Enfin il ſçait bien d'vn coſté, qu'il n'y a point

d'exempts à Rome, & la raison qu'en rend le Pere Lessius
Iesuite, dans le liure 2. de la Iustice, chap. 15. est telle,
*Exemptio à potestate spirituali summi Pontificis nullomodo præ-
scribi potest, sicut nec ipse Pontifex potest aliquem à sua jurifdictione eximere, quia hæc jure diuino annexa est Pontificatui:*
& que d'autre costé, il n'a pas plus d'autorité dans l'E-
uesché de Paris, duquel il n'est pas Titulaire, que dans
l'Euesché de Rome, duquel il est Titulaire : & de fait la
tradition du Saint Siege est, que les Papes appellent les
Euesques leurs Freres, & leurs Coeuesques; il n'y a rien
de plus commun dans les Lettres des Papes. Et cela est
fondé sur plusieurs choses, & notamment sur ce que dit
le Pape Symmachus : *Vnum esse per diuersos antistites Sa-
cerdotium ad instar Trinitatis, cujus vna est atque indiuidua po-
testas :* d'où vient que le Pape Gregoire VIII. ne feint point
de dire dans sa Lettre 3. à tous les Prelats de l'Eglise,
qu'il est comme vn autre Euesque : *Quoniam ad Episcoporum maximè spectat officium, afflictis & laborantibus subuenire,
vnúmque illorum deficientibus licèt meritis me esse voluit, prospicere tenemur,* &c.

7. Pour ce qui regarde les Lettres Patentes du Roy,
pour l'establissement des Seminaires, & des Maisons
Religieuses dans le Fauxbourg de Saint Germain ; on
peut dire auec raison que les Moines ont surpris la religion du Roy, & qu'il n'y a eu jamais vne plus grande illusion. Et pour la bien connoistre, il faut auparauant sçauoir, que pour permettre les establissemens, dont est question, il ne faut par le droit commun, que le consentement de l'Euesque Diocesain : C'est la decision de toute
l'Eglise, faite par le Concile de Calchedoine, au Ca-

non IV. *Placuit igitur neminem aut ædificare, aut constituere Monasteria, aut oratory domum sine conscientia ipsius ciuitatis Episcopi.* Cette disposition Canonique a esté confirmée par les Empereurs & par les Rois de France, & notamment par Charlemagne dans ses Capitulaires. Cela estant ainsi posé pour vn fondement certain de ce dont est question, il faut voir si les Moines de Saint Germain ont ou peuuent auoir vn Priuilege qui déroge à cette sainte disposition.

1. Quand pour faire quelque faueur aux Moines, on supposeroit que le Priuilege de Saint Germain fust veritable, il est asseuré que ce Saint ne déroge point dans son Priuilege au Concile de Calchedoine.

2. Quand pour faire quelque faueur aux Moines, on supposeroit que le Priuilege du Pape Pascal II. fust veritable, il est asseuré que ce Pape ne déroge point dans son Priuilege au Concile de Calchedoine.

3. Quand pour faire quelque faueur aux Moines, on supposeroit que la Sentence arbitrale fust veritable, il est asseuré que les Arbitres ne dérogent point au Concile de Calchedoine. Et la raison pour laquelle Saint Germain, le Pape Pascal, & les Arbitres ne dérogent point au Concile de Calchedoine, est, qu'ils sçauoient bien qu'ils n'y pouuoient déroger, sinon par vn manifeste abus.

4. Quand pour faire quelque faueur aux Moines, on supposeroit que le Priuilege d'Innocent III. de l'an 1198. rapporté & examiné cy-dessus, ne fust point subreptice, il est asseuré que ce Pape ne déroge point au Concile de Calchedoine; il sçauoit bien comme on a veû cy-dessus,

que sa charge l'obligeoit à n'y pas déroger. Toute la grace qu'il a faite à l'Abbé & aux Moines , est de joindre leur consentement à celuy de l'Euesque. Voicy ses termes : *Apostolica insuper auctoritate vobis duximus indulgendum , vt infra Parochias Ecclesiarum ad jam dictum Monasterium pertinentium nullus oratorium , capellam , vel Ecclesiam ædificare aut cœmeterium facere sine Diocesani Episcopi & vestro consensu audeat.*

5. Quand pour faire quelque faueur aux Moines , on supposeroit que le Priuilege de Leon X. fust veritable, il est asseuré , que ce Pape ne déroge point au Concile de Calchedoine. Voicy ses paroles : *Auctoritate insuper Apostolica vobis duximus indulgendum , vt infra Parochias Ecclesiarum ad dictum Monasterium pertinentes nullus oratorium, capellam vel Ecclesiam ædificare , aut cœmeterium facere sine Diocesani Episcopi & vestro consensu audeat.*

Cela estant ainsi , comme il ne peut estre autrement, il est certain que les Moines meritent de perdre leurs Priuileges , quand mesmes ils en auroient , tant pour cét abus intolerable , que pour l'horrible auanie faite au feu Archeuesque de Paris , & pour la contrauention au Concile de Vienne , & au Decret du Pape Clement VIII. & à la Congregation des Cardinaux. C'est le jugement des Papes & des Conciles.

Le Pape Simplicius dans sa Lettre à Iean Euesque de Rauenne : *Neque enim talia potuissent fieri sanitate consilij, nolumus exaggerare , quod gestum est , ne cogamur judicare , quod dignum est. Nam priuilegium meretur amittere , qui permissa sibi abutitur potestate.*

Le Pape Gregoire le Grand , au liure 7. Indict. 1. Epiſtre 28. à Iean Eueſque de Syracuſe : *Eccleſiaſtici vigoris ordo confunditur, ſi aut temerè illicita præſumantur, aut impunè non conceſſa tententur.*

Le Pape Innocent I I I. au liure 1. Epiſtre aux Eueſques de Luni & de Maguelone : *Priuilegium meretur amittere, qui permiſſa ſibi abutitur poteſtate.*

Le Concile de Latran auquel ce Pape a preſidé, dans le Chapitre 48. *Vt Priuilegia, quæ quibuſdam Religioſis per-ſonis Romana conceſſit Eccleſia permaneant inconuulſa, quædam in eis declaranda, ne minùs ſanè intellecta pertrahantur ad abu-ſum, propter quem meritò poſſint reuocari, quia Priuilegium me-retur amittere qui permiſſa ſibi abutitur poteſtate.* Si on traite comme cela ceux qui ont de veritables Priuileges, quand ils en abuſent ; comment traitera-t-on les Moines de S. Germain, qui abuſent (ſi on le peut conceuoir) des Pri-uileges qu'ils n'ont point ?

Le Roy, dont la religion a eſté ſurpriſe, peut pardon-ner cette faute-là, ou la chaſtier comme il plaira à ſa Majeſté : Mais en tout éuenement, c'eſt vne choſe bien honteuſe & bien puniſſable, à des Sujets, & à des Moines ſoy diſans Reformez, de ſurprendre la Religion de leur Prince & de leur Souuerain en vne matiere d'vne telle importance, & qui plus eſt, d'en vouloir tirer vn aduan-tage contre vn tiers, qui eſt l'Archeueſque de Paris ; c'eſt à dire, en bon François, contre toute l'Egliſe, puiſ-qu'en la perſonne de cét Archeueſque, les Moines de Saint Germain choquent la diſcipline de toute l'Egliſe.

8. Pour ce qui concerne les Arreſts du Parlement que les Moines alleguent dans leur Inuentaire ; comme on ne peut pas nier qu'ils n'ayent eſté rendus, auſſi on ne

peut

peut pas nier, qu'il n'y ait dans l'ordre judiciaire du Parlement des Requeftes Ciuiles, des reuifions de procez, & des propofitions d'erreur contre des Arrefts; parce que les Arrefts ne donnent point le droit, ils le fuppofent, & le confirment apres qu'il eft bien reconnu; & dans les diuers changemens d'Arrefts qui arriuent quelquefois, le Parlement demeure tousjours ferme & conftant dans fa fin, qui eft de faire juftice & de conferuer à vn chacun ce qui luy appartient. Il faut donc regler la matiere par vn principe certain, c'eft à dire par la Iurifprudence des Parlemens de France, & particulierement de celuy de Paris, qui eft le plus éclairé de tous.

La Iurifprudence du Parlement de Paris eft, que le Pape eft au deffous du Concile general, & qu'il eft obligé de garder les decifions qui y ont efté faites, comme il a efté defini par le Concile de Conftance, dont le Roy & le Parlement de Paris font les Conferuateurs. Monfieur l'Aduocat General Capel le dit ainfi dans vn plaidoyé, qu'il fit l'an 1538. & qui eft rapporté dans le fecond Tome des Libertez de l'Eglife Gallicane. Voicy fes propres paroles : *Nous trouuons les abus qui s'enfuiuent, que nous penfons auoir pluftoft procedé des Officiers de Cour de Rome, quàm ex certa fcientia Romani Pontificis: primò, que ladite exemption eft formellement contre l'Ordonnance du Saint Concile de Conftance,* DVQVEL LE ROY EST CONSERVATEVR ET LA COVR DE CEANS. Or pour confirmer vne exemption & vn Priuilege tel que les Moines de Saint Germain difent auoir, il faut que le Pape fe mette au deffus de deux Conciles generaux de Calchedoine, & de Latran tenu fous Callifte II. & qu'il dé-

X

ſoge à perpetuité aux Canons de ces deux Conciles generaux, qui ſoûmettent les Moines à la juriſdiction ſpirituelle des Eueſques : on dit à perpetuité, car on ſçait
bien que l'on déroge & que l'on diſpenſe des Canons
des Conciles generaux, en cas d'vne preſſante neceſſité,
& d'vne grande vtilité. Mais ce n'eſt que pour vn certain temps, & non pas pour tousjours, comme il faut pour
l'eſtabliſſement d'vne exemption & d'vn Priuilege, tel
que les Moines pretendent auoir.

2. Le Concile de Conſtance ordonne que deſormais
on ne donnera point d'exemptions, qu'auec connoiſſan-
ce de cauſe, & qu'on y appellera les parties intereſſées:
c'eſt en la ſeſſion 44. au chap. *Attendentes. Inſuper non in-*
tendimus exemptiones de cetero facere, niſi cauſa cognitâ & vo-
catis, quorum intereſt. Monſieur Capel appelle comme d'a-
bus d'vn Priuilege d'exemption, qui auoit eſté donné au
Chapitre d'Angers apres cette Ordonnance du Concile,
ſans y auoir appellé l'Eueſque, & parlant du Concile, il dit,
Lequel defend toutes exemptions eſtre faites, ſine cognitione cauſæ
& parte non vocata, laquelle citation des parties, eſtoit & eſt
neceſſaire, etiam ceſſant la diſpoſition du Concile auec connoiſ-
ſance de jure communi. Citatio enim partis in impetratione pr.-
uilegij fieri debet, maximè quando ex illo pars lædi poteſt, C. pe-
nult. de confirmat. vtili vel inutili. No. in C. cùm olim. & pro
Innocent. de re judic. per Bar. & Alexand. in l. II. de temp. ap-
pellat. & in vulgari l. Nam ita diuini. §. de adopt. Arreſt de
la Cour, donné en ſuite du plaidoyé de Monſieur Capel.

  La Cour quant à l'appellation comme d'abus, dit, qu'en ce
qu'il y auroit eu publication, promulgation ou vſage de la Bulle

pretenduë d'exemption, & en ce qu'elle porte nouuelle conceſſion, ou confirmation attributiue de nouueau droit, en ce pareillement qu'elle porte les autres clauſes abuſiues contenuës au plaidoyé du Procureur General du Roy, il a eſté mal & abuſiuement procedé, publié, promulgué, executé & vſé, bien appellé par l'appellant, ſans dépens toutefois de la cauſe d'appel, & pour cauſe; & a fait & fait ladite Cour inhibitions & defenſes au Doyen & Chapitre de l'Egliſe d'Angers, d'vſer aucunement de ladite Bulle, pour le regard de l'exemption, qui ſeroit nouuellement octroyée, ou confirmatiue & attributiue de nouueau droit, & des autres clauſes abuſiues mentionnées audit plaidoyé dudit Procureur General du Roy, & ce ſur peine d'amende arbitraire. Or il eſt certain que l'Eueſque de Paris n'a point eſté appellé quand Leon X. a accordé le Priuilege, qui a donné lieu aux Arreſts eſquels la religion de la Cour a eſté ſurpriſe par les Moines de Saint Germain. Cela ſoit dit ſans prejudice de la fauſſeté du Priuilege conuaincuë cy-deſſus.

3. Le Parlement nonobſtant pluſieurs juſſions du Roy, refuſa de verifier & d'enregiſtrer la Bulle de l'Inſtitution des Ieſuites, ſur ce que les Aduocats Generaux, Meſſieurs Pierre Seguier, & Gabriel de Marillac, remonſtrerent que les Ieſuites *prennent exemption tellement, que ſi quid peccatum eſt in norma eorum, il faudra recourir à Rome pour auoir des Reſcripts neceſſaires.* L'Arreſt fut donné l'an 1554. le 25. Ianuier, par lequel il paroiſt euidemment, que la Cour, toutes choſes bien conſiderées ne reconnoiſt & n'autoriſe point les exemptions oppoſées au droit commun, beaucoup moins vne attribution de la puiſſance, & de la juriſdiction Epiſcopale, qu'on feroit à des Moines.

Voilà trois choses qui marquent bien, que la Iurisprudence du Parlement est essenciellement contraire à
tout ce que pretendent les Moines de Saint Germain.
C'est sur cela qu'on peut rectifier quelques Arrests qui
ont esté donnez par surprise, & qui sont la pluspart pour
des renuoys à l'Official de Saint Germain. Les Moines prennent les contrauentions à la Iurisprudence du
Parlement pour des loix. Mais le Parlement prend les
loix pour des loix, & les contrauentions aux loix pour des
contrauentions qui se rectifient par la Iurisprudence cy-
dessus expliquée.

Les Moines de Saint Germain ne peuuent pas alleguer leur possession, parce qu'elle est destituée de priuileges, qui exemptent les Moines de Saint Germain de
l'obeïssance & jurisdiction de l'Euesque, & qui donnent
le pouuoir de faire les fonctions Episcopales, & d'establir vn Grand Vicaire & vn Official. Cette possession
est fondée sur des abus qui ne se couurent jamais. On ne
prescrit point contre le droit commun sans de bons Titres, & principalement contre l'obeïssance des Superieurs, parce qu'elle est de droit Diuin : outre cela, c'est
vne chose d'vne tres-perilleuse consequence pour l'Estat:
& puis il faut de la bonne foy pour prescrire. Mais elle
ne se trouue point chez les Moines de Saint Germain
dautant qu'ils ont ou alteré, ou falsifié, ou supposé la
pluspart de leurs Titres, comme on a fait voir cy-dessus.
Enfin toute cette grande exemption, & tout cét establissement de jurisdiction spirituelle & comme Episcopale
dans le territoire de Saint Germain, n'est qu'*vna gran*
machina fondata sopra niente. Veritati nemo præscribere potest,

*non ſpatium temporum , non patrocinia perſonarum , non priui-
legium regionum.* Tertullianus in libri de velandis Virgi-
nibus capite 1. *Curſus temporis non mutat ſubſtantiam veritatis.* L. ſicut, falſi. C. ad L. Corn. de fal.

REMARQVE NECESSAIRE
pour les Moines de la Congregation de Saint Maur, interuenans en la cauſe.

IL eſt certain, que ces Moines interuiennent en la cauſe contre la Bulle de l'eſtabliſſement de cette Congregation, qui fut fait l'an 1621. le 17. May. Voicy la Bulle telle qu'ils l'ont fait imprimer.

Gregorius Papa decimus quintus , ad perpetuam rei memoriam. Sacri Apoſtolatus miniſterio . nullo licèt merito noſtro per abundantiam diuinæ gratiæ præpoſiti ad ea quæ per Eccleſiaſticorum & religioſorum ordines , quilibet ad priſtini cuiuſque regularis eorum inſtituti normam reducantur , & arctioris vitæ ſtudio ducti priſtinæ regulæ quam ſuæ religionis authores inſtituerunt obſeruantiam amplecti , & de cætero ſectari deſiderant , eoſdem non ſolùm in eorum propoſito confouere , ſed etiam opportunis fauoribus , & gratiis proſequi ſolemus , proʋt Catholicorum regum vota id expoſcunt , & nos conſpicimus ſalubriter in Domino expedire. Exponi ſiquidem nobis nuper fecerunt chariſſimus in Chriſto filius noſter Ludouicus Francorum Rex Chriſtianiſſimus , ac dilecti filij Prioratus ſeu Collegij Conuentualis Cluniacenſis nuncupati Pariſienſis Prior , ac ſancti Auguſtini Lemouicenſis , & de Nobiliaco Pictauienſis , ac ſancti Faronis Meldenſis , & Sancti Petri de Gemellis Rothomagenſium , & ſanctæ Mariæ de Ber-

*nayo Lexouienſium Monaſteriorum Conuentus & Monachi ,
necnon domus regularis ſancti Guillelmi alborum mantellorum
nuncupati etiam Pariſienſis Prior , & Conuentus Ordinis ſancti
Benedicti , quod cùm aliàs Sedis Apoſtolicæ authoritate in Monaſteriis Ordinis ſancti Benedicti in Lotharingiæ , & Barri ducis
ducatibus ac Metenſi , Virdunenſi ac Tullenſi ciuitatibus , &
diœceſibus conſiſtentibus reformatio congregationis Caſſinenſis ſeu
ſanctæ Iuſtinæ de Padua dicti Ordinis introducta , ipſaque Monaſteria reformata , in vnam congregationem quæ ſanctorum Vitonis & Hidulphi Virdunenſis appellatur, redacta fuiſſent , non-
nulli ejuſdem ordinis Monachi Galli perfectioris vitæ Zelo ducti ſanctam hanc reformationem amplexi , in Monaſterio eorundem ſanctorum Vitonis & Hidulphi Virdunenſis , prædictæ congregationi Lotharingiæ ſeſe ſubmiſerunt , & in Galliam poſt ſuf-
ficientem reformationis experientiam , & tolerantiam de conſenſu Superiorum ſecundò dictæ congregationis reuerſi ab iiſque di-
miſſi , vitæ ſanctimonia & reformationis , obſeruantia ſe adeò
conſpicuos reddiderunt , vt eoſdem bonæ famæ odor in diuerſas
Gallarum partes atque regiones diffuſus , nonnullorum Monaſteriorum religioſos ad reformationem hujuſmodi amplectendam
excitarit, jámque Monachi in Prioratu ſeu Collegio Conuentua-
li Cluniacenſi ejuſmodi , necnon in prædictis ac ſancti Iodoci ſu-
pra mare, & ſancti Petri Corbeienſis, ac S. Petri Solemniacenſium
oppidorum ſeu locorum Ambianenſis , & Lemouicenſis reſpecti-
uè diœceſum Monaſteriis prædicti Ordinis Monachi degentes ,
vitam ſalutaribus agunt ſancti Benedicti inſtitutis conformem.
Cùm autem ſicut eadem expoſitio ſubjungebat , in ſingulis Galliæ
prouinciis multa hujuſce ordinis Monaſteria fundata reperian-
tur, & de Dei bonitate , & miſericordia tantùm ſperandum ſit ,
quodſi non omnium , at ſanè plurimorum Conuentuum religioſi*

charismata meliora æmulantes , & ad eundem sanctum Bene-
dictum eorum patrem respicientes , hanc ipsam reformationem
sinceris affectibus sint recepturi. Ad felicem verò hujusce sancti operis progressum, maximè expediat in Gallia vnam Conuentuum reformatorum hujusmodi congregationem ad instar prædictæ congregationis Cassinensis , quæ suum Superiorem particu-
larem habeat institui , illique domum regularem sancti Guillelmi alborum mantellorum Parisiensium prædictam quæ non in titulum, commendam , & proprietatem obtineri , sed per priorem
triennalem regi consueuit, cujúsque Prior & Religiosi qui sancti Benedicti prædicti regulam juxta antiquum ejus institu-
tum professi sunt , reformationi in prædictis Conuentibus reformatis , vt præfertur introductæ , inhærere intendunt , quin
etiam illam auspiciis dilecti filij nostri Henrici S. R. E. Presbyteri Cardinalis de Rets , nuncupati Ecclesiæ Parisiensis ex concessione , & dispensatione Apostolica præsulis , jam multo susceperunt aggregari , nobis præterea tam Ludouicus Rex quàm Prior
ac Conuentus & Monachi prædicti humiliter supplicari fecerunt,
quatenus in præmissis opportunè prouidere de benignitate A-
postolica dignaremur : Nos igitur piis Ludouici Regis ac Priorum & Conuentuum ac Monachorum , eorundem votis in præmissis annuere , ipsósque Priores & Conuentus , & Monachos
specialibus fauoribus & gratiis prosequi volentes , & eorum singulas personas à quibusuis excommunicationis & interdicti aliisque Ecclesiasticis sententiis, censuris , & pœnis à jure vel ab
homine quauis occasione vel causa latis , si quibus quomodolibet
innodatæ existunt, ad effectum præsentium dumtaxat consequen-
dum , harum serie absoluentes & absolutas fore censentes, hujusmodi supplicationibus inclinati, de venerabilium fratrum nostrorum S. R. E. Cardinalium sacri Concilij Tridentini interpretum

confilio, vnam Prioratus feu Collegij ac fancti Augustini & de Nobiliaco, & fancti Faronis, necnon fancti Petri, & B. Mariæ reformatorum prædictorum, atque etiam quorumuis aliorum Monasteriorum prædicti Ordinis in Gallia, & omnibus prouinciis prædicto Ludouico Regi fubditis confistentium Conuentuum, & Monachorum, qui deinceps reformationem hujufmodi recipere, féque illi fubmittere voluerint, congregationem fancti Mauri Gallicanam Parifienfem nuncupandam ad inftar congregationis montis Caffinenfis feu fanctorum Vitonis, & Hidulphi per vnum Vicarium generalem natione Gallum, feu ex loco temporali dominio dicti Ludouici Regis fubjecto oriundum à Capitulo generali ejufdem congregationis, vt infrà erigendæ fingulo quoque anno vel biennio aut triennio eligendum, regendam & gubernandam, ita tamen vt ex hujufmodi creatione nullum prorfus præjudicium cenfeatur illatum menfis abbatialibus, fed Abbatiæ ipfæ in omnibus primæuam naturam, & titulum collationum dignitatis abbatialis ipforum Monasteriorum retineant, perinde ac fi erectio hujufmodi facta non effet, quódque deinceps occurrente quorumcumque Monasteriorum tam eorum, quorum Conuentus dictam reformationem jam amplexi funt, quàm eorum qui fe deinceps illi fubmittent, vacationes illorum, collationes feu prouifiones, aut commendæ ad Sedem Apoftolicam, ad nominationem pro tempore exiftentis eorundem Francorum Regis, prout priùs perinde ac fi in illorum Conuentibus reformatio introducta feu congregatio ipfa erigenda erecta non fuiffet, pertineant, ipfaque congregatio vt infrà erigenda in Conuentibus & menfis Conuentualibus ac locis, & portionibus monachalibus, necnon officiis clauftralibus ipforum & pro tempore aggregandorum Monasteriorum dumtaxat locum habeat ac faluis, & illæfis remanentibus titulis Prioratuum & quorumcumque aliorum beneficiorum

*ciorum collatiuorum à prædictis Monasteriis , & eorum quomo-
dolibet dependentium: ita vt illa deinceps prout antea conferri
seu commendari debeant absque vlla prorsus differentia, Apostolica authoritate prædicta tenore præsentium perpetuò erigimus &
instituimus. Cæterum quia dignitates abbatiales Monasteriorum,
quorum Conuentus sunt & erant reformati, sub congregatione per
præsentes erecta non comprehenduntur , sed ab illa exemptæ &
extra illam remanebunt, quódque ipsorum Monasteriorum Abbates titulares seu Commendatarij cum Conuentibus , & Monachis reformatis nihil commune , nihilque agendum habeant , sed
illi à Prioribus claustralibus juxta reformationis seu congregationis Cassinensis aut Sanctorum Vitonis & Hidulphi ritu statuta
& consuetudines eligendis regantur, & gubernentur , etiam perpetuò statuimus & ordinamus. Insuper Congregationi per præsentes erectæ hujusmodi, illiúsque Conuentibus & personis & bonis
nunc & pro tempore existentibus vt omnibus , & singulis priuilegiis, libertatibus, immunitatibus, gratiis, indultis, & indulgen-
tiis dictæ Congregationi Cassinensi illiúsque Conuentibus, Monasteriis & regularibus locis , & principaliter , & particulariter
vel generaliter aut accessorie, vel per viam communicationis &
extensionis, concessis, dummodo sint in vsu nec reuocata aut sub
vllis reuocationibus comprehensa , nec sacris Canonibus dictique
Concilij decretis contraria sint, vti frui potiri & gaudere possint
& valeant pariter ac par formiter, perinde ac si illa Congregationi per præsentes erectæ, illiúsque Conuentibus, personis, & bonis
particulariter specificè & expressè ac nominatim concessa fuissent,
atque etiam Monachis Congregationis per præsentes erectæ, donec
numerus Religiosorum & Superiorum congregationis per præsentes erectæ sufficienter auctus fuerit, in Priores, Nouitios, Ma-
gistros, Præsidentes seu Superiores eligere, & ad ordines sacros*

Y

suscipiendos, & ad triennium tantùm quoscunque Religiosos ca-
pacitatem , & ætatem à sacris Canonibus habentes requisitas
præsentare possint, neque eam ætatem quæ per constitutiones &
declarationes dictæ Congregationis montis Cassinensis Superiori-
bus capite regulæ ejusdem sancti Benedicti præscripta reperitur,
neque etiam quinque annorum spatium quo durante noui profes-
si sub Magistris Nouitiorum morari debent expectare teneantur,
sed ad triennium tantùm, & dummodo eligendi trigesimum sal-
tem eorum ætatis annum expleuerint, concedimus & indulge-
mus. Præterea ob Superiorum penuriam quæ in congregatione per
præsentes erecta, in hoc institutionis ejus primordio vt asseritur
existit, Religiosis illis tam Superioribus, quàm non Superioribus,
qui à dicta congregatione Lotharingiæ cui se submiserant, de ipsius
Superiorum licentia & consensu profecti & in Galliam dimissi
fuerunt, quique sic dimissi in Conuentibus reformandis & refor-
matis prædictis sedulam & quidem fructuosam operam vt acce-
pimus impenderunt, vt in Congregatione per præsentes erecta, de
consensu tamen Congregationis sanctorum Vitonis & Hidulphi
hujusmodi remanere possint, licentiam, & facultatem impar-
timur, ac pro potiori eorum cautela ac quatenus opus sit, eos
à iuramentis, subjectione, & obedientia per ipsos dictæ Congrega-
tioni Lotharingiæ præstitis & promissis, vero existente tamen vt
præfertur consensu Superioris ejusdem Congregationis Lotharingiæ
absoluimus, eximimus & liberamus. Porro prædictam domum
sancti Guillelmi ejúsque Conuentum, Priorem, Monachos, ac res
& bona quæcumque dictæ Congregationi per præsentes erecta ag-
gregamus. Denique in protectorem dictæ Congregationis per præ-
sentes erectæ, dictum Henricum Cardinalem deputamus, decer-
nentes præsentes literas sub quibusuis similium vel dissimilium gra-
tiarum reuocationibus, suspensionibus, limitationibus, derogatio-

nibus, aut aliis contrariis dispositionibus minimè comprehendi, sed semper ab illis excipi, & quoties illæ emanabunt, toties in pristinum & validissimum statum restitutas, repositas, & plenariè reintegratas, ac de nouo etiam sub quacumque posteriori data per Vicarium generalem & Monachos Congregationis per præsentes erectæ quandocumque eligendum concessas esse & fore, sicque per quoscumque judices ordinario, delegatos etiam causarum Palatij Apostolici auditores judicari, & definiri debere, ac irritum, & inane, si secùs super his à quoquam quauis authoritate scienter vel ignoranter contigerit attentari, nonobstantibus præmissis ac constitutionibus, & ordinationibus Apostolicis, dictorúmque Ordinis & Monasteriorum etiam juramento, confirmatione Apostolica, vel quauis firmitate alia roboratis statutis, & consuetudinibus, priuilegiis quoque indultis, & litteris Apostolicis, illi eorúmque Superioribus, & personis sub quibuscumque tenoribus, & formis ac cum quibusuis clausulis, & decretis in contrarium forsan quomodolibet concessis confirmatis & innouatis. Quibus omnibus & singulis, etiamsi de illis speciatim specifica, expressa, & indiuidua mentio habenda esset, eorum tenores præsentibus pro plenè, & sufficienter expressis, & insertis habentes, illis aliàs in suo robore permansuris, hac vice duntaxat specialiter, & expressè derogamus cæterisque contrariis quibuscumque. Volumus autem quòd officia claustralia suppressa, & extincta sint, & esse censeantur, quatenus in ipsis Monasteriis reformatio hujusmodi verè & realiter introducta fuerit seu introducatur, & non aliàs, sicque suppressa & extincta remaneant, donec & quousque reformatio sic introducta in eis durauerit, & non vltrà: ita vt in euentum in quem illam cessare vel extingui quandocumque contigerit, officia prædicta in pristinum statum ipso jure reuertantur, ita quòd vt priùs in titulum conferri, & de illis eorumdem

Y ij

Monasteriorum Monachis respectuè prouideri debeat. Datum Romæ apud sanctum Petrum sub annulo Piscatoris, die decima septima Maij, miliesimo sexcentesimo vigesimo primo, Pontificatus nostri anno primo.

Quoy qu'en effet il n'y ait aucun besoin de faire des reflexions sur cette Bulle, pour reconnoistre que les Moines de la Congregation de S. Maur interuiennent en cette cause contre leur propre institution : Neantmoins il ne sera pas inutile d'en faire quelques-vnes pour vn plus grand esclaircissement.

1. Le Pape Gregoire X V. dés l'entrée de sa Bulle, monstre nettement, qu'il ne veut point donner à cette nouuelle Congregation, aucun Priuilege qui l'exempte du droit commun & de la jurisdiction spirituelle des Euesques : *Sacri Apostolatus ministerio, nullo licèt merito nostro per abundantiam diuinæ gratiæ præpositi ad ea, quæ per Ecclesiasticorum & religiosorum ordines, quilibet ad pristini cujusque regularis instituti normam reducantur, arctioris vitæ studio ducti pristinæ regulæ, quam suæ religionis auctores instituerunt, obseruantiam amplecti, & de cetero sectari desiderant, eosdem non solùm in eorum proposito confouere, sed etiam opportunis fauoribus & gratiis prosequi solemus, prout Catholicorum Regum vota id exposcunt, & nos conspicimus salubriter in Domino expedire.* Le Pape dit qu'il fera toutes les graces & toutes les faueurs qu'il jugera à propos selon Dieu, pour aider ceux qui veulent reprendre l'ancien Institut des Moines, & mener vne vie semblable aux Auteurs de cét ancien Institut. Or il est certain que les Auteurs des Ordres Monastiques, comme Saint Benoist, & ses Disciples, reueroient sincerement les Conciles & les Ca-

nons, qui les foûmettoient à la difcipline & à la correction des Euefques , & leur obeïſſoient quand il eſtoit
neceſſaire. Et ce ſeroit vne pure illufion & vne grande
hypocrifie , de vouloir reprendre la veritable Regle de
Saint Benoiſt , & ſe fouſtraire en meſme temps de l'o-
beïſſance & de la ſujettion canonique des Euefques.

La Congregation de Saint Maur, reprenant icy la veritable Regle & l'eſprit de Saint Benoiſt, & joignant la
Clericature à l'eſtat Monaſtique, ſe foûmet neceſſairement aux Euefques en deux manieres, par l'eſtat Monaſtique , & par l'eſtat de Clericature. La premiere maniere eſt decidée par le Canon IV. du Concile de Calchedoine, & la ſeconde par le Canon VIII. Ces deux Canons ſont
homologuez dans les anciens Conciles de France , &
dans les Capitulaires de nos Rois. De plus, le Pape ne
juge pas & ne peut auſſi juger, qu'il ſoit expedient ſelon
Dieu, d'exempter d'abord vne nouuelle Congregation,
des Ordonnances de l'Eglife ſi faintemént eſtablies.
Enfin on mettroit le Pape Gregoire XV. dans vne hon-
teufe contradiction auec foy-meſme, ſi on diſoit, qu'il
euſt voulu exempter cette Congregation de l'obſeruan-
ce des Canons, au meſme temps qu'il l'erigeoit , pour
viure dans la pureté de la Regle de Saint Benoiſt, qui n'a
jamais recherché vne telle exemption.

2. Le Roy Louïs XIII. d'heureufe memoire, qui a de-
mandé au Pape Gregoire XV. l'erection & la confirmation de cette nouuelle Congregation de Moines dans
ſon Eſtat , euſt-il defiré , qu'elle n'euſt pas eſté obligée
de garder les Canons des Conciles de l'Eglife Gallica-
cane, qui ont eſté tenus auec tant de foin, par le com-

mandement de Clouis & autres Rois successeurs de Clouis? Eust-il voulu, que les Moines de cette Congregation eussent mesprisé les Capitulaires de Charlemagne,
de Louïs le Debonnaire, & de Charles le Chauue? Eust-il
poursuiuy & sollicité l'establissement d'vne Compagnie
de Moines , qui n'eussent pas reconnu la puissance & la
jurisdiction de l'Eglise , qui estoit dans son Royaume,
& qui y eussent vescu, comme dans vn lieu emprunté,
& dans la sujettion vnique & entiere d'vne puissance
esloignée & indépendante de la sienne?

3. Le Pape & le Roy s'accordent bien ensemble dans
l'establissement de cette nouuelle Congregation de
Moines, qui témoignent vouloir viure dans l'obseruance de la veritable Regle de Saint Benoist, & par consé-
quent dans la soûmission deuë à l'Eglise & à la discipline establie & confirmée par les Conciles & par les Canons, que Saint Leon, Siluestre II. & Gregoire VII. &
autres Papes disent auoir esté faits par l'Esprit de Dieu,
& consacrez par vn respect, & par vne crainte honorable de tout le monde: *Canones Spiritu Dei conditi, & to-*
tius mundi reuerentia confecrati.

4. Le Pape declare ouuertement, que cette Congregation a commencé de se former sous la conduite & l'autorité du Cardinal de Rets, Euesque de Paris. *Quin-*
etiam illam auspiciis dilecti filij nostri Henrici S. R. E. Presbyteri
Cardinalis de Rets nuncupati, Ecclesiæ Parisiensis ex concessione
& dispensatione Apostolica præsulis , jam multi susceperunt ag-
gregari. Il est asseuré que le mot d'*auspicium* signifie conduite, autorité & puissance. Le Poëte Virgile qui parle
purement Latin, prend ce mot en plusieurs endroits
dans cette signification.

Communem hunc ergo populum , paribúsque regamus Auspiciis.

Et puisque le Pape declare que cette nouuelle Congregation sera gouuernée par la conduite & par l'autorité de l'Euesque de Paris , & qu'il ne l'en souftrait point, il est visible , que les Monasteres de cette Congregation qui sont situez dans le Diocese de Paris , demeurent sous la jurisdiction spirituelle de l'Euesque de Paris , & des autres Euesques , dans le Diocese desquels cette Congregation s'estendra : Et neantmoins les Moines de cette Congregation , qui sont dans le Monastere de Saint Germain plaident 44. ans apres son institution , non seulement pour s'exempter de la jurisdiction spirituelle de l'Euesque de Paris , mais aussi pour l'exercer par vn Grand Vicaire & vn Official ; qui eust jamais pensé cela, l'an 1621. le 17. May ?

5. Le Pape fait bien quelques graces à ceux qui entrent dans cette Congregation , mais elles ne vont pas à l'exemption de la jurisdiction spirituelle des Euesques : *Nos igitur piis Ludouici Regis ac Priorum & Conuentuum , ac Monachorum eorumdem votis in præmissis annuere , ipsósque Priores & Conuentus & Monachos specialibus fauoribus & gratiis prosequi volentes , & eorum singulas personas à quibusuis excommunicationis & interdicti , aliisque Ecclesiasticis sententiis, censuris & pœnis à jure vel ab homine quauis occasione vel causa latis , si quibus quomodolibet innodatæ existant.* Les graces & les faueurs que le Pape donne à ceux qui entrent dans cette nouuelle Congregation , ne sont accordées , que pour vn certain temps ; de sorte que si ceux , qui entrent dans cette nouuelle Congregation , retombent dans les

fautes dont le Pape leur a donné l'abſolution, il faut que ces Moines recourent à l'Eueſque Dioceſain, pour en auoir l'abſolution. Enfin cette ſorte d'exception *firmat regulam in contrarium.*

6. Il ne faut pas s'eſtonner enſuite, ſi le Pape dans la communication, qu'il donne à la Congregation de Saint Maur, des immunitez & priuileges de la Congregation du Mont Caſſin, il appoſe cette exception & cette reſerue : *Dummodo ſint in vſu, nec reuocata, aut ſub illis reuocationibus comprehenſa, nec ſacris Canonibus dictique Concilij* (Tridentini) *Decretis contraria ſint.* Entre les immunitez & les priuileges, que le Pape donne à cette nouuelle Congregation, il excepte ceux qui ſeroient contraires aux ſacrez Canons, & aux Decrets du Concile de Trente. Or les ſacrez Canons des Conciles generaux de Calchedoine & de Latran tenu ſous Calliſte I I. des Conciles de l'Egliſe Gallicane, comme de celuy de Vennes tenu l'an 465. de celuy d'Agde tenu l'an 506. de celuy d'Orleans tenu l'an 511. & de pluſieurs autres, ſoûmettent les Moines à la juriſdiction ſpirituelle des Eueſques. Voilà donc l'intention du Pape Gregoire X V. qui eſt la plus claire & la plus nette du monde.

Le Pape adjouſte encores, qu'il ne veut point donner de Priuileges, qui ſoient oppoſez aux Decrets du Concile de Trente. Il ſçauoit bien que ce Concile auoit bien trauaillé à détruire les Priuileges reputez contraires aux ſacrez Canons, & qu'il auoit expreſſément marqué dans la ſeſſion 4. chap. 11. que les Priuileges & exemptions apportoient vn grand trouble & vne grande confuſion à la juriſdiction Epiſcopale, & donnoient vne

occaſion

occasion aux Moines de mener vne vie licencieuse. *Pri-uilegia & exemptiones, quæ variis titulis plerisque conceduntur, hodie perturbationem in Episcoporum jurisdictione excitare, & exemptis occasionem laxioris vitæ præbere dignoscuntur.* Tout cela est d'vne notorieté publique , & le Bien-heureux François de Sales Euesque de Geneue en rend vn bon témoignage pour le Concile. C'est dans vne Lettre qu'il écrit à l'Euesque du Belley : *Ie me réjoüis certes de vos vi-ctoires; Car quoy que l'on sçache dire , c'est la plus grande gloire de Dieu, que nostre Ordre Episcopal soit reconnu pour ce qu'il est, que cette mousse des exemptions soit arrachée de l'arbre de l'E-glise : on void qu'elle a fait tant de mal , ainsi que le sacré Con-cile de Trente l'a fort bien remarqué.*

7. Enfin on reconnoist deux choses par la lecture de cette Bulle. La premiere est, que les Moines de la Con-gregation de Saint Maur , n'ont par la Bulle de leur esta-blissement aucune exemption de la jurisdiction spiri-tuelle de leurs Euesques Diocesains. La seconde est , que le Pape Gregoire XV. ne leur donne aucun pouuoir de joüir d'vne telle exemption , qu'ils pourroient preten-dre auoir esté donnée aux Monasteres , dans lesquels ils entrent pour les reformer, ou pour les occuper, comme ils occupent par des conuentions & traitez faits auec les anciens Moines. Et c'est vne suite bien necessaire que le Pape ne voulant pas donner à cette Congregation des Priuileges contraires aux sacrez Canons, il ne luy a pas donné le pouuoir de joüir des exemptions que quelques vieux Moines pretendent auoir; car la raison que le Pape auoit pour l'vn, il l'auoit pour l'autre. C'eust esté vne gran-de illusion , que le Pape se fust faite à luy-mesme & au pu-

blic, qu'au mesme temps qu'il ne veut pas donner à cette Congregation des Priuileges d'exemption, il leur donnaſt le moyen d'en prendre par tout où elle pourroit.

8. Il y en a qui s'imaginent que d'abord que des Moines viuent en Congregation, ils ſont exempts de la juriſdiction ſpirituelle des Eueſques Dioceſains. Mais c'eſt vne fauſſe imagination.

Les Preſtres de l'Oratoire & de la Doctrine Chreſtienne viuent en Congregation, & ils ne laiſſent pas pour cela d'eſtre ſubjets aux Eueſques Dioceſains.

Les Religieux de l'Ordre de Ciſteaux faiſoient vne grande & illuſtre Congregation du temps de Saint Bernard, & neantmoins ils eſtoient ſoûmis aux Eueſques Dioceſains : il blaſme dans vne Lettre Arnoldus Abbé de Morimond, d'auoir quitté ſon Monaſtere ſans la permiſſion de l'Eueſque de Langres & de l'Abbé de Ciſteaux : *Et prætermittendum, quòd ſiqui ſimpliciter nihilque ſuſpicantes mali, malè licèt proficiſcentem (Arnoldum) ſecuti ſunt, putantes eum Epiſcopi Lingonenſis & Abbatis Ciſtercienſis (nam vtrique debitor erat) licentia proficiſci.* Et le meſme Saint écriuoit à Henry Archeueſque de Sens. *Quis dabit mihi centum in mei cuſtodiam deputari Paſtores ? Quantò ſentio plures mei curam gerere, tantò ſecurior exeo in paſcua.*

Cæſarius Moine d'Heiſterbach, Ordre de Ciſteaux, dans l'homilie 1. ſur le Dimanche ſecond d'apres l'octaue de l'Epiphanie : *Non eſt aliquis, quin ſit & eſſe debeat ſub poteſtate, maximè religioſi. Monachus eſt ſub Priore, Prior ſub Abbate, Abbas ſub Viſitatore Patre, ille ſub Epiſcopo, Epiſcopus ſub Archiepiſcopo, ille ſub Papa, Papa ſub poteſtate Confeſſoris ſui.*

Le Pape Honoré III. qui a veſcu cent vingt cinq ans

apres l’Inſtitution de l’Ordre de Ciſteaux , rapporte la
profeſſion d’obeïſſance & de ſujettion que faiſoient les
Abbez de cét Ordre entre les mains de leurs Eueſques
Dioceſains: *Ego N. Abbas Ciſtercienſis Ordinis ſubjeſtionem
& obedientiam a ſanſtis Patribus conſtitutam ſecundùm S. Bene-
diſti regulam, tibi Domine Epiſcope, tuiſque ſucceſſoribus, canonicè inſtituendis, & ſanſtæ Sedi Apoſtolicæ ſaluo ordine meo me ha-
biturum promitto*, au titre de *Simonia*, chap. *Ne Dei Eccleſiam*. La gloſſe dit ſur ces paroles , *ſaluo ordine meo in his
quæ contra regulam vel quæ illicita ſunt, nullus obedire tenetur*,
ni à l’Eueſque , ni au S. Siege , à qui l’Abbé promet également ſujettion & obeïſſance.

On trouue dans le liure 5. de la Bibliotheque de Premonſtré , vne pareille profeſſion d’obeïſſance & de ſujettion, que fait l’Abbé de Premonſtré à l’Eueſque de
Laon ; & neantmoins on vit en Congregation dans l’Ordre de Premonſtré. On y trouue auſſi vne Formule pour
eſtablir des Procureurs, qui puiſſent aſſiſter au Synode
de l’Eueſque de Laon , lorſque l’Abbé de Premonſtré
n’y peut aller par infirmité.

Tout cecy monſtre, qu’il ne ſeruiroit de rien d’alleguer l’Ordonnance d’Orleans pour exempter les Chefs
d’Ordre, & les Moines qui viuent en Congregation. Et
depuis peu Monſieur l’Aduocat General Talon, a fait
voir comme il faloit entendre cette Ordonnance, à qui
les Moines donnoient vne explication d’vne tres-peril-
leuſe conſequence pour l’Eſtat. Mais il faut rapporter
cette explication: *Cette Loy ne rend pas ſeulement la puiſſance ſpirituelle aux Eueſques, & la juriſdiction aux Ordinaires;
mais elle condamne auſſi tous les Priuileges d’exemption , &*

abroge en mesme temps l'vsurpation que les Moines auoient faite de l'autorité & du territoire Episcopal. Quoy que cette Ordonnance semble excepter les Chefs d'Ordre, elle ne doit à cét
égard, & dans le cas de cette restriction estre entenduë, que des
exemptions personnelles & particulieres, & non pas des Priuileges generaux & perpetuels, qui vont à affranchir de la Iurisdiction Pastorale. Les Chefs d'Ordre à qui les Religieux sont
soûmis pour l'obseruation de leur Regle, & pour le détail de la
discipline Monastique, sont eux-mesmes & leurs Monasteres,
soûmis à la visitation de l'Euesque, à la correction des mœurs, à
la punition des crimes, & à la dispensation des Sacremens. Cette puissance qui leur a esté accordée sur tous les Moines de leur
Ordre, ne les soustrait pas de la puissance des Prelats, dont ils
sont tousjours justiciables. Il n'est pas croyable que le Roy & les
Estats eussent voulu par cette Loy si sainte, confirmer en faueur
de ces Chefs d'Ordre vne exemption, de laquelle on induiroit v-
ne si abominable consequence contre l'autorité Royale en faueur
du Pape. Ne sçait-on pas que les Theologiens corrompus, & les
Partisans de la Cour de Rome, ont estably l'exemption des Clercs
& des Moines, de l'obeïssance deuë aux Euesques, par celle de
l'obeïssance que les Sujets doiuent à leur Roy? Combien de fois
dans les liures que vous auez condamnez par vos Arrests, ces
Canonistes flateurs & interessez ont-ils tiré des arguments de
l'vn à l'autre? Ont-ils pas esté si temeraires de dire, * Que si le
Pape priuoit les Rois de leur Royaume, & s'il exemptoit leurs
Sujets du serment de fidelité, il pouuoit aussi bien exempter les
Ecclesiastiques & les Religieux de la puissance spirituelle des
Euesques? Pernicieuse induction, & neantmoins certaine, si la
premiere proposition est veritable.

   Les Rois donc & les Estats assemblez à Orleans, qui n'i-

gnoroient pas l'establissement d'vne si perilleuse consequence , *&*
les suittes dangereuses d'vn si faux principe , auroient-ils en
condamnant les exemptions , excepté les Chefs d'Ordre , pour
leur confirmer vn affranchissement de la Iurisdiction spirituelle,
de laquelle ni les Conciles, ni les Ordonnances ne peuuent dis-
penser personne , *&* contre laquelle on ne peut jamais prescrire ?
Cela n'est pas croyable. Il n'est pas vray-semblable , non plus
que cette Ordonnance , qui dans les vingt premiers Articles a
trauaillé à rendre le Pape sujet aux Canons , à moderer cette
Souueraineté, que luy donnent les Vltramontains , *&* à empescher qu'apres auoir vsurpé vn Empire absolu dans l'Eglise , il ne
se portast par vne consequence inéuitable , à entreprendre sur le
Temporel des Rois *&* de leurs Estats ; Que cette Ordonnance,
disons-nous , eust voulu accorder à ces *Abbez* vne exemption
qui faisant breche à l'autorité spirituelle des Prelats , estoit ca-
pable de donner atteinte à la Souueraineté temporelle des Rois ?

Les paroles de Henriques cité à la marge , sont celles-
cy : *Exemptio quædam personæ vt Summi Pontificis à potestate*
sæculari est de jure diuino ; quia neminem in terris habet superio-
rem : ac personæ Ecclesiastica , vt regulares *&* *clerici , jure diuino*
non sunt exempti in persona , seu causa criminali , cùm subjician-
tur foro ciuili in quibusdam : sed Pontifex jure suo potuit eos exi-
mere , & *in multis exemit , &* *fecit sibi &* *delegatis suis speciali-*
li ratione subjectos. Determinatio verò causarum , in quibus exi-
muntur , pertinet ad eundem Pontificem : sic potuit Pontifex
regulares omnes facere omnino liberos ab Episcoporum lege Diœ-
cesana. Voilà le texte de l'Auteur, & voicy sa glosse, qui
contient la preuue du texte, *In probatione consentiunt om-*
nes fere Catholici qui tractant de potestate Papæ. Et hinc sal-
tem indirectè habet potestatem temporalem supra omnes Princi-

Z iij

*pes Chriſtianos , & ex cauſa eos priuat Regno & Imperio, vt
probat Bellarminus lib.* v. *de Romano Pontif. à capite* vi.

Le plaidoyé de Monſieur Talon, eſt inſeré & imprimé dans l'Arreſt du Parlement, rendu en faueur de Monſieur l'Eueſque d'Amiens , contre les Moines de Saint
Valery ſur Somme , chez Antoine Vitré, Imprimeur du
Roy & du Clergé.

FIN.